ulmer

Janina und Frederik Enning

KÜCHE OHNE SCHNICK-SCHNACK

Lifehacks für deine minimalistische und nachhaltige Küche von grünesfamilienleben

INHALT

DEN ÖKOLOGISCHEN FUSSABDRUCK VERRINGERN

SELBSTGEKOCHT SCHMECKT BESSER

→ Dein ökologischer Fußabdruck steht für deine persönliche Ökobilanz, denn er zeigt, wie viele Ressourcen du verbrauchst. Durch die Reduzierung von Küchengeräten, Umsteigen auf effizientere und qualitativ hochwertigere Geräte, durch die Reduzierung deines Fleischkonsums, durch Einsparen von Müll, durch weniger Konsum und durch Umsteigen auf ökologischere Alternativen in verschiedenen Bereichen kannst du deine Ökobilanz verringern und einen Beitrag zum Klimaschutz leisten.

→ Fertigprodukte sind teuer und enthalten oft unnötige Zusatzstoffe, von denen viele auch der Gesundheit nicht zuträglich sind. Selberkochen hat viele Vorteile: Du sparst Geld, weißt genau, welche Zutaten in deinem Essen sind, du kannst die Speisen geschmacklich an deine Wünsche anpassen, und du kannst vorkochen und Reste einfrieren. Selberkochen macht (gemeinsam mit der Familie, dem Partner oder der Partnerin) Spaß, und das Ergebnis schmeckt ohnehin viel besser.

VORBILD SEIN

ES IST LEICHTER, ALS DU DENKST

→ Du lebst anderen Menschen etwas vor. Deine Kinder, Familie, Freund:innen und Arbeitskolleg:innen sehen, was du machst und wie du lebst, und schauen sich vielleicht etwas ab. Insbesondere für Kinder sind wir Erwachsene ein Vorbild. Vielleicht können wir durch unser Verhalten etwas dazu beitragen, dass die nachfolgende Generation besser auf die Welt achtet, als wir und unsere vorherigen Generationen es tun oder getan haben.

→ Man stellt sich gern vor, dass wir große Dinge verändern müssen, um nachhaltiger zu leben. Vor diesen Umstellungen graut uns dann, und so gehen wir sie gar nicht erst an.
So schwierig ist das aber gar nicht – Ehrenwort! Du wirst in diesem Buch sehen, wie einfach manche Umstellungen sind. Es ist wirklich leichter, als du denkst. Außerdem ist jeder Schritt wichtig. Es ist besser, wenn viele Menschen ein bisschen nachhaltig leben und das geben, was sie können, als wenn nur wenige Menschen perfekt nachhaltig leben.

WENIGER BESITZ, MEHR ZEIT

→ Je weniger du besitzt und desto qualitativ hochwertiger deine Geräte sind, desto weniger Ballast trägst du mit dir. Bei weniger Gegenständen musst du auch weniger putzen und weniger Zeit auf die Instandhaltung verwenden, und bei hochwertigen Geräten oft auch weniger reparieren. Weil du deine Zeit nicht mehr oder zumindest wesentlich weniger mit diesen Dingen verbringst, hast du automatisch mehr Luft für die schönen Dinge.

GELD SPAREN

→ Mehr Nachhaltigkeit verbindet man nicht automatisch mit mehr Geld. Doch wenn du weniger konsumierst, geplanter einkaufst und weniger Lebensmittel wegschmeißt, weniger Geräte besitzt, die Strom verbrauchen, mehr auf Qualität achtest und mehr selbst machst, sparst du bares Geld.

DER GESUND-HEIT GUTES TUN

→ Fleisch ist Hauptverursacher von Krankheiten wie Darmkrebs, Fettleibigkeit, Diabetes, Bluthochdruck und anderen Herz-Kreislauf-Erkrankungen.[1] Durch die Reduzierung oder den kompletten Verzicht auf Fleisch senkst du dein Erkrankungsrisiko. Neben dem Benefit für die eigene Gesundheit wirkt sich der reduzierte Fleischkonsum auch positiv auf das Tierwohl und die Umwelt aus.

WIR MENSCHEN KONSUMIEREN MEHR, ALS NATÜRLICHE RESSOURCEN UND ROHSTOFFE NACHWACHSEN. DEIN ÖKOLOGISCHER FUßABDRUCK ZEIGT DIR, OB DEIN LEBENSSTIL ZU VIELE RESSOURCEN VERBRAUCHT. ÜBER DEN NEBENSTEHENDEN QR-CODE KOMMST DU AUF EINE SEITE, AUF DER DU DEINEN ÖKOLOGISCHEN FUßABDRUCK ERRECHNEN KANNST.

WIR HABEN ES IN DER HAND

Dein Leben wird nicht von selbst nachhaltiger, nur weil du es so willst. Du musst aktiv etwas dafür tun und deinen Alltag umstellen. Doch warum ist die Küche ein sehr sinnvoller Ort für mehr Nachhaltigkeit und Minimalismus? Es müssen nicht immer die großen Handlungen sein, die die Welt verändern. Jeder von uns hat es in der Hand, seinen Beitrag für ein nachhaltigeres Leben zu leisten. Die Schritte beginnen schon im Kleinen. Weil wir viel Zeit in der Küche verbringen, dort viele Ressourcen verbrauchen und Entscheidungen treffen, ist sie ein guter und wirksamer Ort, um mehr Nachhaltigkeit in unser Leben zu bringen und mit der Umstellung anzufangen.

Die Küche ist oft der Lebensmittelpunkt

In der Küche verbringst du viel Zeit, weil du dort deine Mahlzeiten zubereitest und auch gemeinsam mit anderen isst. Beim Kochen und Reinigen verbrauchst du dort viel Strom und Wasser – in den meisten Haushalten ist die Küche der Ort, an dem der größte Stromverbrauch stattfindet. Zudem entscheidest du in der Küche, wie du dich ernährst: ob pflanzenbasiert, fleischhaltig oder in einer Mischung aus beidem, ob du saisonal und regional einkaufst, ob du deine Lebensmittel in Supermärkten oder auf Wochenmärkten beziehst, unverpackt oder verpackt, ob du deinen Müll reduzierst ... Bei allen diesen Themen geht es um Nachhaltigkeit.

Kurz: Die Küche hat einen ganz besonderen Stellenwert in deinem Leben und ist vielleicht sogar das Herz deines Alltags oder eurer Familie. Mit einfachen Umstellungen und Lifehacks kannst du dein Handeln in der Küche korrigieren und nachhaltiger gestalten.

Veränderungen brauchen Zeit

Veränderungen sind ein stetiger Prozess. Jede Veränderung beginnt beim ersten Schritt. Manche Schritte werden dir leichter fallen, andere vielleicht schwerer. Je mehr Veränderungen an deiner Lebensqualität kratzen oder deinen Luxus betreffen, desto mehr geht es ans Eingemachte und desto schwieriger wird es vielleicht.

Die Küche ist – neben dem Badezimmer – daher ein guter Ort, um mit der Veränderung zu starten, weil es hier viele Alternativprodukte gibt und du deine Komfortzone nicht zu stark verlassen musst.

Anfangs macht es Sinn, wenn du dir nur ein Ziel oder mehrere kleine Ziele setzt. Das können sein: weniger Müll verursachen, die Küche ausmisten, Lebensmittel regional und/oder saisonal einkaufen, weniger Fleisch essen oder ganz darauf verzichten … Es wäre sehr schade, wenn deine Motivation in den Keller geht oder du ganz aufhörst, weil du dich in deinem Tun überforderst. Lass dir Zeit. Du musst es nicht perfekt machen, und Fehler sind auch vollkommen okay – ganz nebenbei bemerkt: Wer sagt eigentlich, dass es Fehler sind?

Kleine Veränderungen, die Großes bewirken

Du allein entscheidest, wie nachhaltig du leben und was du umsetzen möchtest und vor allem auch kannst. Vielleicht kannst du bestimmte Aspekte nicht so leicht ändern, dafür aber an anderen Punkten arbeiten. Es müssen nicht immer die großen Schritte sein. Wie wäre es beispielsweise, wenn du deine Geschirrspülmaschine seltener oder du Ökoprogramm nutzt, deine Glühbirnen in LED-Leuchtmittel tauschst oder weniger Plastikartikel kaufst? Deinen Fleischkonsum reduzierst oder Fleisch ganz aus deinem Speiseplan streichst, selbst kochst, Speisepläne erstellst oder geplant mit einem Einkaufszettel einkaufst, deine Lebensmittel regional und saisonal beziehst, unterwegs Lebensmittel mitnimmst oder

insgesamt weniger konsumierst? Mit jeder Veränderung gehst du einen Schritt weiter auf deinem Weg in ein nachhaltigeres Leben. Mit jedem Schritt wird es dir leichter fallen, und jeder Schritt zählt in Sachen Klimaschutz.

Lieber unperfekt als gar nicht

Wir können den Klimawandel zwar nicht mehr stoppen, und was wir persönlich ausrichten können, ist in gewisser Weise begrenzt, doch trotzdem können wir durch einfache Umstellungen unseren Beitrag für eine nachhaltigere Welt leisten. Wie schon gesagt: Es ist besser, wenn viele Menschen unperfekt nachhaltig leben und tun, was sie können, als wenn wenige Menschen perfekt nachhaltig leben.

Kleine Schritte machen den Anfang. Wir werden dir in diesem Buch viele Tipps & Tricks an die Hand geben, damit dir die Umstellung leichter fällt.

DIE GRUND-LAGEN DES MINIMALISMUS

Minimalismus in seiner Reinform steht für uns in enger Verbindung mit mehr Nachhaltigkeit. Durch weniger und bewussteren Konsum und damit einhergehenden reduzierten Besitz werden viele Ressourcen in verschiedenen Bereichen auf vielfältige Art und Weise geschont. Daher ist es sinnvoll, sich auch mit Minimalismus zu beschäftigen, wenn man nachhaltiger Leben möchte.

WAS IST MINIMALISMUS?

Vielleicht fragst du dich an dieser Stelle, was Minimalismus mit Nachhaltigkeit in der Küche zu tun hat. Hast du dich schon mal gefragt, wie viel Geschirr und Besteck du wirklich brauchst? Wie viele Gegenstände du in zwei- oder dreifacher Ausfertigung besitzt und wie viele du davon wirklich nutzt? Warum deine Schubladen überquellen und du immer wieder aufräumen musst und des Chaos kaum Herr wirst?

Wenn du deine Küche minimalistischer gestaltest, ist das ein erster Schritt hin zu einem nachhaltigen Leben:

● Wenn du Geräte abschaffst, die du eigentlich nicht brauchst, kannst du viel an Energieverbrauch einsparen.

● Weniger Geräte bedeuten zugleich weniger Aufwand beim Putzen. Auch das spart Ressourcen.

● Du kannst bei allem, was du für deine Küche kaufst, bewusster und sinnvoller auswählen und deinen Konsum steuern.

● Und du kannst in der Küche viel selbst herstellen statt es fertig zu kaufen.

Wir haben vor einigen Jahren unsere Küche rigoros aussortiert. Früher war es so, dass uns all der Kram in den Schränken genervt hat. Alles war irgendwie vollgestellt und stand durcheinander. Manches war unnötigerweise in zweifacher oder dreifacher Ausfertigung vorhanden und wurde nie genutzt. Der Küchenraum war flächenmäßig groß, aber trotzdem wirkte er durch die Schränke, Regale und das ganze andere Zeug eng und unruhig. Klar, die Tassen standen bei den Tassen, die Gläser bei den Gläsern, aber so viele Kleinteile hatten keinen festen Platz. Irgendwie wirkte es auch zusammengewürfelt. Stilistisch passte nicht alles gut zusammen, und es wirkte somit nicht gemütlich.

Durch das Ausmisten brauchen wir jetzt nur noch Unterschränke. Sämtliche Hängeschränke und Regale konnten wir entfernen. Total befreiend! Wir fühlen uns in der Küche viel wohler. Wir haben die Sachen behalten, die wir brauchen und auch wirklich nutzen. Die Arbeitsflächen sind frei, die Küche wirkt (fast) immer sauber und aufgeräumt. Es war eine absolute Erleichterung, sich von unnützem Kram zu trennen. Von den aussortierten Sachen haben wir bis heute nichts vermisst. Für uns ist es wichtig, von Klarheit und Struktur in einer Wohlfühlatmosphäre umgeben zu sein und wenig Arbeit mit der Küche zu haben. Weniger ist für uns mehr.

Im MINIMALISMUS GEHT ES NICHT DARUM, EINE BESTIMMTE ANZAHL VON GEGENSTÄNDEN ZU BESITZEN UND DEN REST WEGZUWERFEN. ES GEHT DARUM, DAS, WAS MAN BESITZT, AKTIV WERTZUSCHÄTZEN.

Vorweg: Es gibt nicht den einen und wahren Minimalismus. Minimalistisch leben: Das ist so individuell, wie wir Menschen unterschiedlich sind. Jeder Mensch definiert Minimalismus für sich. Doch in einem sind sich diejenigen, die minimalistisch leben, einig: Sie wollen ein selbstbestimmtes Leben führen und ihr Glück nicht von Gegenständen abhängig machen.

Eine innere Haltung, die sich auf das Wesentliche beschränkt

Minimalismus ist Lebensstil und innere Haltung zugleich. Es geht darum, sich auf das Wesentliche zu beziehen. Aber was ist in diesem Zusammenhang eigentlich „das Wesentliche"?

Allgemein gesprochen bedeutet Minimalismus, möglichst wenig zu konsumieren, sich von materiellem und negativem Ballast zu befreien, innere und äußere Klarheit und Struktur zu haben und dadurch Freiheiten wie Zeit für die Familie, Partnerschaft und Freundschaften sowie finanzielle Freiheit und Sicherheit zu erlangen.

Mit einer minimalistischen Grundhaltung macht man sich nicht abhängig von Besitztum, sondern ist mit dem zufrieden, was man hat. Das, was man besitzt, schätzt man wert und pflegt es. Glück ist nicht abhängig von Besitz und von neuesten Errungenschaften, sondern kommt aus dem Inneren heraus.

Mit einer minimalistischeren Haltung können sich innere Veränderungen einstellen:

- Du konzentrierst dich auf wichtige Punkte, auf das Wesentliche.
- Dir wird egal, was andere besitzen.
- Du vergleichst dich nicht mehr mit anderen Menschen. Der vielleicht bestehende innerliche Druck lässt nach.
- Du hörst mehr auf dein Innerstes, auf deinen Instinkt und auf dein Gefühl.
- Du kannst besser Wichtiges von Unwichtigem trennen.
- Du hast keinen Drang danach, **mehr** zu besitzen und zu zeigen, was du besitzt.
- Du bist zufrieden.
- Du hast mehr Zeit für dich, deine Familie und Freunde.
- Du nutzt die Zeit intensiver.
- Du wirst kreativer.
- Du spürst vielleicht sogar eine tiefe Dankbarkeit für das, was du hast.
- Du tust Dinge, die dir guttun.
- Du trennst dich von Dingen und Menschen, die dir nicht guttun.
- Du lernst, besser Nein zu sagen.
- Du kannst auch mal nichts tun.
- Du sparst bares Geld.

BESITZ FRISST ZEIT, BRAUCHT ENERGIE UND KOSTET GELD.

Minimalismus & Nachhaltigkeit

Manche Minimalisten zählen Nachhaltigkeit nicht zum Minimalismus, andere schon. Wir persönlich sehen eine enge Verbindung: Wer sein (Konsum-)Verhalten reflektiert und überdenkt und nur das kauft, was er/sie braucht, und dabei auf Qualität und Herkunft sowie auf Produktionsweise und Material achtet, kombiniert einen minimalistischen mit einem nachhaltigen Lebensstil. Durch diese Verhaltensänderung und durch einen achtsamen Umgang mit seinem Hab und Gut spart man wichtige und wertvolle Ressourcen und schützt das Klima.

Minimalismus & Ernährung

Auch die Ernährung steht in Zusammenhang mit Minimalismus. Hand aufs Herz: Wie oft schmeißt du Lebensmittel weg? Gehörst du vielleicht auch zu den Menschen, die ohne Einkaufszettel einkaufen und dann einen Berg an Lebensmitteln kaufen – all das, worauf sie gerade Lust haben? Wer bewusster loszieht, einen Einkaufszettel schreibt und das kauft, was er/sie braucht, lebt auch in Sachen Ernährung minimalistischer und nachhaltiger. Man schont Ressourcen, produziert weniger Verpackungsmüll und wirft letzten Endes auch weniger Lebensmittel in den Abfall. Und man spart auch noch Geld.

Minimalismus & Konsum

Lässt du dich von Werbung und Sonderangeboten locken? Kaufst du etwas, weil es gerade im Angebot ist oder weil es dir einfach gefällt, obwohl du es nicht benötigst? Letztlich führt das oft dazu, dass sich viele Gegenstände im Haus ansammeln, die gar nicht genutzt werden. Bewusster Konsum bedeutet, Spontankäufen zu widersagen, sinnvoll zu konsumieren, vorher über eine Anschaffung nachzudenken, nicht sofort zu kaufen, mehrere Nächte darüber zu schlafen und anschließend eine bewusste Entscheidung zu treffen.

Bei Geräten und Utensilien – auch für die Küche –, die man nur ein, zwei Mal oder eben ganz selten nutzt, ist es sinnvoller, sie sich zu leihen oder mit anderen zu tauschen, vielleicht mit der Familie, Freunden oder Nachbarn. In Münster gibt es beispielsweise eine Leihothek, in der man für einen schmalen Cent Haushaltsgeräte leihen kann. Vielleicht gibt es so was auch in deiner Nähe? Dadurch spart man Geld und Ressourcen verschiedenster Art ein. Außerdem nehmen die Gegenstände keinen Platz im Haus ein.

STELL DIR VOR EINER EXTRAANSCHAFFUNG FOLGENDE FRAGEN:

Brauche ich das Teil wirklich?
Wie oft werde ich es nutzen?
Was passiert, wenn ich es nicht kaufe?
Macht es mich glücklich?

Melde dich von Werbe-Newslettern ab. Klebe einen Aufkleber mit „Keine Werbung" an deinen Briefkasten, lass dir keine Kataloge und Werbung zuschicken. Dadurch wirst du nicht zu etwas verlockt, das du eigentlich gar nicht brauchst, und Müll spart es auch!

Minimalismus & Mobilität

Laut Umweltbundesamt könnten in Ballungsgebieten mindestens 30 % der Autofahrten durch Radfahren ersetzt werden. 40 bis 50 % der Fahrten sind kürzer als fünf Kilometer.[2] Hier lohnt es sich darüber nachzudenken, ob du etwas einsparen kannst: Brauchst du wirklich ein eigenes Auto, oder ist es nur bequemer? Welche Strecken könntest du durch Fahrrad (auch E-Bike), Bus oder Bahn ersetzen?

Ein Verzicht auf ein eigenes Auto spart monatlich viel Geld (Sprit, Versicherungen, Abnutzung, Reparaturen usw.). Wir hatten früher zwei Autos. Als wir uns mit Minimalismus und Finanzen auseinandersetzten, haben wir beschlossen, ein Auto durch einen Motorroller zu ersetzen. Der Zweitwagen war nur Luxus und nicht wirklich nötig. Mittlerweile ist auch der Motorroller verkauft, und wir besitzen nur noch ein Auto und Fahrräder. Mit unseren E-Bikes bestreiten wir viele Kilometer, die wir sonst immer mit dem Autor zurückgelegt haben. Für uns hatte das nur Vorteile: Wir sparen Ressourcen, schützen die Umwelt, können mehr Geld sparen – und sind gesundheitlich fitter.

Minimalismus & Selbermachen

Schon wer im Haushalt auf nachhaltigere, langlebigere Alternativen setzt (zum Beispiel Backpapieralternativen, Baumwolltücher), spart viele Ressourcen und Geld. Wer viele Dinge selber macht (zum Beispiel Reinigungsmittel, Bienenwachstücher), erst recht!

GENERELL GILT:
Besser nicht ständig neukaufen, sondern stattdessen das, was man hat, so lange wie möglich nutzen.

Minimalismus & Finanzen

Oft wird einem nachhaltigen Leben nachgesagt, dass er teuer sei. Doch durch die Kombination mit einem minimalistischeren Lebensstil lassen sich viele Ausgaben reduzieren und Geld sparen. Das braucht seine Zeit, ist aber äußerst wirksam: Du kannst Verbindlichkeiten reduzieren, Verträge kündigen, deine flexiblen Ausgaben mindern und vieles mehr. Das Geld kannst du stattdessen einfach sparen, in Erlebnisse investieren oder für qualitativ hochwertigere Produkte nutzen – ganz im Sinne des Nachhaltigkeitsgedankens.

AUF UNSEREM BLOG WWW.GRUENESFAMILIENLEBEN.DE FINDEST DU EINE MENGE TIPPS ZU DEN THEMEN MINIMALISMUS UND FINANZEN IM FAMILIENLEBEN.

Minimalismus löst nicht automatisch deine Probleme

Wichtig aber ist zu wissen, dass weniger zu besitzen dich nicht automatisch glücklicher und zufriedener macht. Das ist viel zu kurz gedacht. Es muss ein grundsätzliches Umdenken in Sachen Konsum stattfinden, denn oft konsumieren wir, um Lücken in uns selbst zu schließen oder um Probleme zu kompensieren. Daher ist Einkaufen mit leerem Magen beispielsweise auch keine gute Idee, weil du dann wahllos zulangst und mehr kaufst als nötig.

Du solltest dich daher nicht nur fragen, was dir wichtig ist, was du brauchst und was dich glücklich macht. Du solltest viel tiefer in dich hineinhorchen und dich fragen, warum du dieses konkrete Produkt kaufen möchtest, was dir vielleicht eigentlich fehlt oder du eigentlich brauchst, was dich beschäftigt oder bedrückt.

MINIMALISMUS BEDEUTET KEINEN VERZICHT UND AUCH KEINE EINSCHRÄNKUNG. MINIMALISTISCH ZU LEBEN BEDEUTET, SELBST ZU ENTSCHEIDEN, WAS MAN MÖCHTE, UND DAS GLÜCK NICHT VON MATERIELLEM ABHÄNGIG ZU MACHEN.

AUSMISTEN

Vielleicht bist du an dieser Stelle zu dem Gedanken gekommen, dass sich bei dir zu viele Gegenstände angesammelt haben, auch in der Küche. Vielleicht macht sich bei dir auch ein bedrückendes Gefühl bemerkbar, und du hast den Eindruck, zu wenig Platz zu haben? Dann könnte es sein, dass Ausmisten für dich genau das Richtige ist. Doch bedenke: Ausmisten braucht Zeit. Ausmisten ist ein Prozess und kann über viele Monate oder sogar Jahre gehen.

Wenn du aber einmal richtig ausgemistet hast, wirst du merken, dass du vielleicht doch genügend Platz hast und dass dein Kram nur zu viel geworden war. Ausmisten gibt dir die Möglichkeit, dein Haus hell und luftig zu gestalten, schenkt dir Platz, Raum, Klarheit und Struktur und verschafft dir mehr freie Zeit, weil du weniger putzen musst. In deinem Heim finden sich dann nur noch deine Lieblingsmöbel und -deko, sodass es zu deinem Wohlfühlort werden kann – insofern es das noch nicht ist.

Aber Vorsicht: Bloßes Ausmisten hat noch nichts mit Minimalismus und schon gar nichts mit Nachhaltigkeit zu tun. Dein Besitz muss gut gehegt und gepflegt werden, dein Konsum muss sich in ein bewusstes Konsumverhalten verändern. Erst dadurch werden Ressourcen gespart. Das bedeutet auch, dass das Aussortierte nicht einfach weggeworfen wird. Sind Gegenstände noch gut und funktionsfähig, solltest du sie verschenken oder verkaufen. Sie sind schon im Kreislauf drin, und so können sie woanders noch weiter benutzt werden.

> Funktionsfähige Gegenstände gehören nicht in den Müll! Guten Gegenständen kann man ein zweites Leben schenken, indem man sie verkauft oder spendet. Schließlich sind viele Dinge zum Wegwerfen viel zu schade, und Wegwerfen ist nicht nachhaltig. Und es macht glücklich, Gegenstände zu verschenken und anderen Menschen damit eine Freude zu machen und etwas Gutes zu tun.

Anleitung zum erfolgreichen Ausmisten

Beschränke dich nicht auf eine bestimmte Anzahl an Gegenständen, die du vorher vielleicht festgelegt hast. Behalte so viele Dinge, wie du benötigst und mit denen du dich wohlfühlst. Es gibt hier kein richtig und kein falsch. Es geht um dich und um deine persönlichen Lebensumstände.

Doch um deine Haltung zu verändern, musst du dich von unnötigem Besitz trennen und dich kognitiv intensiv damit auseinandersetzen. Das kann eine ganz neue Erfahrung für dich sein und dich an deine Grenzen bringen. Du musst Entscheidungen treffen, die nicht immer ganz leicht sind. Andererseits kann es auch sehr befreiend sein, sich von Altlasten zu trennen und dabei neue Energie zu gewinnen.

Wie du vorgehst, ist deine persönliche Entscheidung – niemand kann sie dir vorgeben. Es gibt unterschiedliche Typen: Die einen wollen am liebsten sofort alles loswerden, den anderen fällt das Sich-Trennen schwer und sie wissen nicht, wie sie anfangen sollen. Ein erster Tipp ist daher: **Bleib ruhig und entspannt, bei dir selbst und gehe in deinem Tempo vor.**

Mach es so, wie es sich für dich richtig anfühlt. Das, was wir dir im Folgenden beschreiben, ist **eine** Möglichkeit von vielen. Dein Vorgehen kann auch ganz anders aussehen. Schließlich ist jeder Mensch, jede Familie, jede Wohnung, jedes Leben anders.

Wir haben es durch Ausmisten geschafft, zunächst fünf Küchenschränke überflüssig zu machen und später die komplette Küche zu verkleinern. Dadurch, dass wir sie dann abbauen konnten, haben wir jetzt viel mehr Platz in der Küche.
Aussortiert haben wir Gegenstände, die wir seit Ewigkeiten nicht mehr benutzt haben. Vorher haben wir überlegt, wie viele Tassen, Teller, Gabeln, Messer, Löffel und Gläser wir wirklich brauchen. Da diese Gegenstände immer mal kaputt gehen, haben wir ein paar Stücke in einen Karton zur Seite gestellt und brauchen sie nach und nach auf. Sie nehmen aber keinen Platz mehr in der Küche weg. Alles andere haben wir verschenkt oder verkauft.

Schritt 1: Miste radikal aus

Fange mit einem Raum oder Bereich an und gehe danach jeden Raum und Bereich durch. Um es am Beispiel Küche deutlich zu machen:
Räume jede Schublade komplett aus und nimm jedes Teil in die Hand. **Stelle dir dabei die Fragen, ob du es wirklich benötigst und wann du es zum letzten Mal benutzt hast.** Besonders in der Küche solltest du dich fragen, wie viel du von welchem Gegenstand benötigst: Brauchst du wirklich 20 Gabeln, 15 Tassen, 30 Teller, 25 Gläser und 5 Pfannen? Einen Handmixer und einen Standmixer? Und dazu vielleicht noch einen Thermomixer?
Die Gegenstände, die du noch benötigst, legst du geordnet zurück. Alles andere legst du auf einen Stapel mit den aussortierten Dingen.
Es ist wichtig, dass du wirklich jede Schublade und jeden Schrank komplett ausräumst. Nur wenn du Gegenstände herausnimmst und in der Hand hast, denkst du wirklich darüber nach, ob du sie noch brauchst.
So verfährst du mit jedem Raum nacheinander.

> Wir haben grob durchgerechnet, wie viele Gläser, Tassen und Teller wir durchschnittlich brauchen. Wir haben auch überlegt, wie oft die Spülmaschine läuft und wie viel Besuch wir durchschnittlich bekommen. Mit Töpfen, Pfannen, Backzubehör und Elektrogeräten sind wir genauso vorgegangen wie mit dem Geschirr. Dadurch konnten wir einiges reduzieren – und haben immer noch alles in angemessener Stückzahl vorhanden. Es macht nämlich keinen Sinn, sich von Dingen zu trennen und später zu bemerken, dass man zu viel aussortiert hat. Ein paar kleine Reserven wie alte Teller oder Tassen auf dem Dachboden können auch nicht schaden.

Schritt 2: Gehe mit offenen Augen durch die Wohnung und lege eine Kiste an

Irgendwann hast du alle Räume durch, und manchmal fallen einem die Dinge auch zwischendurch und nicht beim großen Ausmisten auf. Gehe daher immer mit offenen Augen durch dein Heim und sortiere auch immer mal wieder aus. Es gibt immer Dinge, bei denen du dir unsicher sein wirst, ob du sie noch brauchst oder nicht. Diese Gegenstände kannst du, wenn sie dir auffallen oder direkt beim Ausmisten, in eine Kiste legen und zur Seite stellen. Nach einiger Zeit holst du die Kiste hervor. Wenn du dann bemerkst, dass du den Gegenstand gar nicht mehr benutzt hast, sortierst du ihn aus.
Wenn immer die gleichen Teile lose herumliegen und keinen festen Platz haben, solltest du entweder einen Platz dafür finden oder dich fragen, warum sie herumliegen und keinen festen Platz haben, und sie ggf. aussortieren.
In diesem Schritt gehen wir nicht systematisch vor, sondern lassen uns von unseren Gefühlen und unserer Lust leiten. Im jetzigen Stadium ist nicht mehr auf den ersten Blick ersichtlich, welche Gegenstände tatsächlich unnötig sind. Die Fragen „Brauche ich es wirklich?" und „Wann habe ich es letztmalig genutzt?" reichen nicht mehr aus. Daher solltest du an dieser Stelle eine dritte Frage hinzufügen: **„Wie groß ist die Wahrscheinlichkeit, dass ich es doch noch mal nutze?"**

Schritt 3: Verändere dein Mindset

Damit du dich von derart vielen Gegenständen konsequent trennen kannst, bedarf es einer Veränderung deines Mindsets. Dies geschieht nicht von Heute auf Morgen, sondern braucht Zeit. Mache dir Folgendes klar:

1. Dein Besitz macht dich nicht als Menschen aus.
2. Du hast es nicht nötig, dich über Gegenstände zu definieren.
3. Viel zu besitzen, macht dich nicht automatisch glücklicher.

Ein großer Besitz kann auch lähmen. Er muss gehegt und gepflegt werden, kostet Geld und nimmt viel Platz. Das kann zur Überforderung und negativen Gefühlen führen. Wenn du dein Mindset änderst, hast du einen wichtigen – wenn nicht sogar den wichtigsten – Schritt auf deinem Weg hin zu einem minimalistischeren und nachhaltigeren Leben getan. Daran solltest du von Anfang an auf deiner Reise arbeiten.

Und danach? Ausmisten ist und bleibt ein langer und stetiger Prozess, ein wirkliches „Danach" gibt es also eigentlich nicht. Der wichtigste – und vielleicht zunächst schwierigste – Punkt ist, keine neuen unnützen Dinge anzuschaffen und stattdessen Werbung und Kaufdrang zu widersagen, sich beim Einkaufen auf das Notwendige zu fokussieren. Für alles, was du behalten hast, gilt: Verwende es so lange weiter, bis es nicht mehr zu reparieren ist.

Ergänzend dazu können dir die 5 Regeln für weniger Müll ab der nächsten Seite helfen.

WENIGER MÜLL

Die US-amerikanische Autorin Bea Johnson hat 5 Regeln (5 R's) für ein müllfreies Leben kreiert.[3] Wir finden sie sehr praktisch, da sie sich neben dem Nachhaltigkeitsaspekt sehr gut mit Minimalismus verbinden lassen. Aber auch ohne eine minimalistische Grundhaltung können dir diese Regeln helfen, weniger oder gar keinen Müll zu verursachen.

Die Regeln lauten:

- **Refuse**, what you do not need. – Vermeide, was du nicht brauchst.
- **Reduce**, what you do need. – Reduziere, was du brauchst.
- **Reuse** by using reusables. – Verwende wieder, indem du Mehrwegprodukte benutzt.
- **Recycle** what you cannot refuse, reduce or reuse. – Führe der Wiederverwertung zu, was du nicht vermeiden, reduzieren oder wiederverwenden kannst.
- **Rot** the rest. – Kompostiere den Rest.

Diese 5 Regeln sind nur eine Orientierung, und du kannst sie nach deinen Wünschen anpassen. Vielleicht möchtest du nur die Regeln Reduce, Reuse und Recyle verinnerlichen oder sie erweitern. Die Regeln müssen zu dir und deiner Familie passen und sollen eine Unterstützung, keine zusätzliche Bürde sein. Wir sehen sie immer in Zusammenhang mit Minimalismus:

Refuse

Lerne, Nein zu sagen. Gerade in Sachen Lebensmitteleinkauf und Küchengeräte begegnet man vielen Lockangeboten und wird mit Werbeflyern zugemüllt. Refuse bedeutet, unnötige Dinge wie Prospekte, Werbegeschenke, E-Mail-Werbung, unnötige Einwegverpackungen und unnötigen Konsum abzulehnen. Der Gedanke dahinter ist der, dass weniger produziert werden muss, wenn wir weniger konsumieren und die Nachfrage reduzieren. Dadurch werden viele Ressourcen in der Herstellung, im Transport und im Verkauf gespart – und Müll auch noch. Also: Alles, was nicht wirklich gebraucht wird, wird nicht gekauft oder angenommen.

> Wir haben den Punkt Refuse für uns persönlich um Rethink („Überdenken") erweitert. Veränderungen fangen im Kopf an, und es geht darum, die eigene Haltung gegenüber dem Konsum zu hinterfragen, zu überdenken und zu verändern.

Reduce

Wie viele Gegenstände besitzt du, insbesondere in deiner Küche, die du gar nicht nutzt? Wie oft hast du schon Dinge gekauft und dich im Nachhinein darüber geärgert? In dem Punkt Reduce geht es darum, deinen Hausstand und Konsum, aber auch deinen produzierten Müll zu reduzieren und dein Leben dadurch leichter zu machen.

Wir haben überlegt, wie viel wir von welchen Gegenständen überhaupt nutzen, und alles Überflüssige aussortiert, unsere Küche somit radikal ausgemistet.

Indem du dir darüber klar wirst, was du wirklich brauchst, und dementsprechend kaufst, konsumierst du automatisch weniger. Du wirst nicht mehr dem nächsten Trend hinterherjagen oder Dinge kaufen, die dann nur im Schrank liegen, ob Kleidung, Deko oder Geschirr.

Überlege dir auch, aus welchem Grund du bestimmte Sachen noch besitzt, auch wenn du sie gar nicht mehr nutzt. Wie du am besten ausmistest und was du mit den Dingen am besten machst, haben wir dir im vorherigen Kapitel schon erklärt.

ZUM WEITERDENKEN – NEUKAUF VON PRODUKTEN UND ELEKTROGERÄTEN

Musst du immer das neueste Modell besitzen und jeden Trend mitgehen? Nutze deine Geräte bis zum Schluss, bis sie nicht mehr zu reparieren sind. Bevor du dir neue Produkte und Geräte anschaffst, die du dann nur ein- oder zweimal nutzt, versuche, sie dir auszuleihen. Das spart bares Geld und eine Menge Ressourcen. Wenn du neue Gegenstände kaufst, achte auf Langlebigkeit und Reparierbarkeit. Mehr dazu findest du auf den Seiten 109 und 113.

Reuse

Der Punkt Reuse bedeutet Wiederverwertung. Im Idealfall kaufst du einfach Mehrwegprodukte und achtest grundsätzlich auf Qualität. Auf Einwegartikel solltest du verzichten (siehe auch S. 82).

ALTPAPIER UND RECYCLING-PAPIER NUTZEN

In der Küche müssen wir oft schnell mal was aufschreiben. Alte Umschläge oder Schreiben schneiden wir in unterschiedlich große Quadrate und sammeln sie in einer alten Dose, um sie dann als Schmier- und Einkaufszettel zu nutzen. Benötigt man weiteres Papier, sollte man auf Produkte mit dem Siegel „Blauer Engel" zurückgreifen. Produkte mit diesem Siegel schonen die Urwälder und sparen Energie und Wasser.

Wenn du auf der Suche nach einem bestimmten Produkt bist (zum Beispiel Kleidung, Geräte), schaue, ob du es gebraucht bekommen kannst. Du sparst dadurch Geld und sehr viel an Ressourcen, da sich das Produkt schon im Kreislauf befindet und nicht neu produziert werden muss. Leider landen zu viele funktionsfähige Produkte im Müll. Du kannst durch einen Gebrauchtkauf das Produkt vor diesem Schicksal bewahren und der Umwelt etwas Gutes tun. Andersherum solltest du deine aussortierten Sachen ebenfalls weiterverkaufen oder verschenken, damit sie im Kreislauf bleiben.

Recycle

Wenn es doch zu Müll kommt und du etwas nicht mehr wiederverwenden, reparieren oder upcyceln kannst, musst du es in der vorgesehenen Weise dem Wertstoffsystem zuführen. Achte also auf die richtige Mülltrennung: Papier zu Papier, Kunststoff zu Kunststoff, Metall zu Metall usw. Entsorge deinen Müll auf keinen Fall auf Wiesen und Feldern! Falls du unsicher bist, wie etwas richtig entsorgt wird, kannst du im Internet nachschauen. Es gibt aber von Stadt zu Stadt Unterschiede, weshalb du sicherheitshalber direkt in der Abfallwirtschaftsabteilung der Stadtverwaltung anrufen und nachfragen solltest.

Rot

Wenn du die Möglichkeit hast, lege dir einen Komposthaufen oder alternativ eine Wurmkiste im Garten an, um Küchenabfälle zu kompostieren. Den Kompost kannst du anschließend als Erde/Dünger wiederverwenden. Ein Feature zum Kompostieren findest du unter www.ulmer.de/kueche-ohne-schnickschnack oder unter dem QR-Code. Hast du keine Möglichkeit in diese Richtung, dann entsorge den Biomüll entsprechend in der Biotonne.

Alternativ kannst du aussortierte Kleidung oder Gegenstände auch selbst weiterverwerten. Beispielsweise kannst du aus alter Kleidung Putzlappen schneiden oder Taschen nähen. Alte Gläser mit Schraubverschluss lassen sich prima noch zum Einfrieren, Einkochen oder allgemein zur Aufbewahrung verwenden. Manchmal eignen sich bestimmte Gläser auch zur Weiterverwendung als Trinkgläser. Alles, was du in irgendeiner Art und Weise wiederverwertest oder upcyclest, musst du nicht neu kaufen.

Zero Waste bedeutet, gar keinen Müll zu produzieren. Das ist eine sehr hohe Messlatte. Überfordere dich nicht! Versuche, deinen Müll zu reduzieren, soweit es geht, und setze um, was für dich möglich ist. Less Waste ist ein guter Weg, den auch wir gehen.

SUPER ZU DEN 5 R'S VON BEA JOHNSON PASSEN DIE PRINZIPIEN FÜR EINEN NACHHALTIGEN KONSUM AUF S. 30.

WIR HABEN DEN PUNKT REUSE NOCH UM REPAIR (REPARIEREN) ERWEITERT. LASSE DEFEKTE GEGENSTÄNDE REPARIEREN, ANSTATT SIE WEGZUWERFEN. MEIST GEHT DAS GANZ EINFACH: LÖCHER IN KLEIDUNGSSTÜCKEN LASSEN SICH SCHNELL MIT NADEL UND FADEN SCHLIESSEN. UND WENN DU SELBST MAL NICHT DAS NÖTIGE KNOW-HOW HAST, FRAG FREUNDE, FAMILIE UND BEKANNTE ODER GEH INS REPAIR CAFÉ, WIE ES MITTLERWEILE IN VIELEN STÄDTEN EINES GIBT.

FEATURE

GLAS STATT PLASTIK?

> WENN DU MIT DEINEN KINDERN ÜBER GLAS-RECYCLING SPRECHEN MÖCHTEST, EMPFEHLEN WIR DIR DAS VIDEO UNTER DEM UNTENSTEHENDEN QR-CODE.

Glas wird unter Einsatz hoher Energien mit Temperaturen zwischen 1000 und 1600 °C und Rohstoffen wie Quarzsand, Kalk und Soda hergestellt. Damit sich Glas unter ökologischen Gesichtspunkten rentiert, muss es lange genutzt werden. Dafür eignet sich das Mehrwegsystem.

Glas, das nicht Teil des Mehrwegsystems ist, kommt in den Altglascontainer. Es wird dann bei niedrigeren Temperaturen geschmolzen, als bei der Produktion von neuem Glas. Das bedeutet, dass der Energiebedarf um etwa 0,2 bis 0,3 % sinkt, wenn 1 % Altglas zu den Rohstoffen hinzugegeben wird.[4]

Je mehr Altglas bei der Glasproduktion verwendet wird, desto weniger Ressourcen werden benötigt, weshalb auch der CO_2-Ausstoß sinkt. Zudem wird eingeschmolzenes Altglas nicht deponiert.

Glas ist zudem schwerer als Plastik, was ein großer Nachteil ist. Auf den Transportwegen wird durch das hohe Eigengewicht somit mehr Energie verbraucht.[5]

Durch den hohen Energiebedarf bei der Produktion und beim Transport **schneiden Einwegverpackungen aus Glas ökologisch betrachtet gegenüber anderen Verpackungen wie Getränkekartons oder PET-Flaschen schlechter ab.** Die positive Bilanz von PET liegt in der relativ hohen Recyclingquote und am geringen Gewicht der Kartons.[6]

Klare Vorteile von Glas hingegen sind, dass keinerlei Schadstoffe an die Lebensmittel abgegeben werden (mit den chemischen Stoffen der Kunststoffverpackung können Lebensmittel reagieren) und Plastikmüll vermieden wird.

Mehrweg statt Einweg

Mehr als die Hälfte aller Getränke werden in Einwegverpackungen gefüllt. 2018 wurden nur knapp 41,2 % der Getränke im Mehrwegsystem verkauft, beim Mineralwasser lag der Anteil bei nur 38,8 %. Bier wird von den Deutschen mit über 79,5 % in Mehrweg-Glasflaschen konsumiert.[7]

Der ökologische Vorteil von Glas steigt bei der Mehrwegnutzung: Mehrwegglasflaschen können bis zu 50-mal wiedergefüllt werden, PET-Mehrwegflaschen nur bis zu 20-mal. In Bezug auf den Energieverbrauch spielt es hier keine Rolle, ob PET oder Glas verwendet wird.[8]

Insbesondere in Unverpacktläden sind Gläser ein großer Gewinn: Man nimmt (alte) Gläser mit, befüllt sie mit den gewünschten Lebensmitteln, transportiert sie nach Hause, stellt sie ins Regal und nutzt den Inhalt bei Bedarf. Kein Müll, keine zusätzliche Produktion, keine langen Transportwege. Wer nicht in Unverpacktläden einkaufen kann, sollte im Supermarkt genau hinschauen, was wirklich nachhaltig ist und was nur vermeintlich.

Mehrwegglas aus der Region ist übrigens die umweltfreundlichste Verpackung – zumindest wenn auch der Inhalt aus der Region stammt. Denn bei regionalen Produkten sind die Transportwege kürzer.

Pfand ist nicht gleich Mehrweg

... denn es wird auch auf Einweggetränkeverpackungen erhoben. Echte Mehrwegflaschen erkennst du am Logo „Mehrweg – Für die Umwelt" oder am Blauen Engel (mehr zum Thema Siegel findest du ab S. 48). Der Mehrwegpfand beträgt in der Regel zwischen 8 und 15 Cent, anstatt 25 Cent bei Einwegflaschen.[9]

BLAUER ENGEL
DAS UMWELTZEICHEN

BASTELIDEE LUFTERFRISCHER

Man nimmt ein altes Glas mit Deckel, füllt es bis zur Hälfte mit Natron auf, gibt 15 bis 20 Tropfen ätherisches Öl hinzu, verschließt das Glas und sticht ein paar Löcher in den Deckel. Fertig ist der selbstgemachte Lufterfrischer! Während das ätherische Öl angenehm riecht, neutralisiert Natron die schlechten Gerüche. So lässt sich ein altes Glas prima weiterverwenden.

DER EINKAUF

Wenn wir nachhaltiger leben und unsere Umwelt schützen wollen, sollten wir etwas an unserem Einkaufsverhalten ändern. Es ist oft der Dreh- und Angelpunkt für mehr Nachhaltigkeit. Doch wie geht das am besten? Mit der richtigen Planung, mit Speiseplänen und mit bevorzugtem Kaufen von saisonalem Obst und Gemüse sind die ersten Grundsteine gelegt. In diesem Kapitel erklären wir dir, wie du deinen Einkauf nachhaltiger gestalten kannst.

RICHTIG PLANEN

Lebensmittelwertschätzung ist ein wichtiger Punkt, um nachhaltiger zu leben und weniger Lebensmittel zu verschwenden (dazu findest du ab S. 54 noch mehr Infos). Sie beginnt nicht erst beim Kochen, sondern bereits bei der Planung des Einkaufs. Warum? Wer zu viel kauft, wirft am Ende mehr Lebensmittel weg. Daher macht es viel Sinn, den Einkauf gut zu planen. Ein gehetzter und/oder spontaner Einkauf, womöglich noch mit leerem Magen, ist eine schlechte Idee. Denn dabei ist die Gefahr groß, dass man alles, was lecker aussieht, in den Wagen packt und mehr einkauft, als man braucht. Daher empfehlen wir, vorher einen Einkaufszettel zu schreiben.

Wir haben einen Grundstock an Lebensmitteln, die wir regelmäßig verbrauchen. Immer wenn sich etwas dem Ende zuneigt oder leer ist, schreiben wir es auf unseren Einkaufszettel. Da wir nur einmal pro Woche einkaufen, funktioniert dieses Schema gut. Wir planen so, dass wir unter der Woche nicht noch einmal einkaufen müssen, denn auch da ist die Gefahr groß, dass man mehr einkauft, als man eigentlich wollte.

Wichtig ist, dass du regelmäßig deine Lebensmit-telvorräte überprüfst. Schaue regelmäßig in den Vorratsschrank und Kühlschrank. Nur so hast du den Überblick, welche Lebensmittel zeitnah verbraucht werden müssen.

Vielleicht hilft es dir, eine Liste mit den Lebensmitteln anzulegen, die du regelmäßig brauchst. Schreib auch die Menge dazu, die du benötigst. Diese Liste hängst du an deinen Kühlschrank, ans Gefrierfach oder an den Vorratsschrank. So kannst du immer bequem abgleichen, ob noch alles in ausreichender Menge da ist oder was du nachkaufen musst.

An dieser Stelle möchten wir als Beispiel eine mögliche Grundausstattung an Lebensmitteln auflisten – bei uns hat sie sich bewährt. Aus diesen Lebensmitteln kann man eine Menge (einfacher) Rezepte kochen. Vielleicht ist sie auch für dich ein guter Grundstock, den du deinen Bedürfnissen anpassen kannst?

> TIPP: Es gibt in manchen Städten Geschäfte, in denen du Brot vom Vortrag zu einem günstigeren Preis kaufen kannst. In Münster gibt es sogar eine „Fairteilbar", in der du gerettete Lebensmittel erstehen kannst. Du zahlst, was sie dir wert sind.

Im Kühlschrank

- Käse
- Eier
- Butter oder
  Margarine
- Milch, Joghurt und
  Quark oder vegane
  Varianten

Im Vorratsschrank

- Kartoffeln
- Zwiebeln
- Nudeln
- Reis
- Haferflocken
- Mehl
- Backpulver
- Zucker
- Salz, Pfeffer und
  andere Gewürze
- passierte Tomaten
- Tomatenmark
- Marmeladen und
  Aufstriche
- Öl
- Essig
- Gemüsebrühepul-
  ver
- Senf
- Obst (je nach Obst:
  Kühlschrank)
- Gemüse (je nach
  Gemüse: Kühl-
  schrank)

Im Gefrierfach

- Kräuter
- Gemüse,
  z. B. Kaisergemüse
- Obst, z. B. Beeren-
  mischungen
- Brot
- außerdem: auf
  Vorrat gekochte
  Speisen (wenn
  es schnell gehen
  muss)

Im Voraus planen und Einkaufszettel schreiben

Bei uns gut bewährt hat sich die wöchentliche Planung. Wir überlegen, was in der kommenden Woche anliegt (Ausflüge, Geburtstage, Besuche usw.) und was wir alles kochen wollen, und planen darauf aufbauend den Einkauf. Wir nehmen uns auch oft vor, gleich für zwei Tage zu kochen oder Reste des Vortages in einer neuen Mahlzeit

zu verwerten. Mit einer so genauen Planung bleiben am Ende der Woche weniger Lebensmittelmüll übrig.

Menge und Zeitpunkt planen

Es gibt viele Lebensmittel, die sich auf Vorrat kaufen lassen. Auch Obst und Gemüse lassen sich bei der richtigen Lagerung noch nach einer Weile genießen, trotz kleiner Makel. Ist es hingegen schon weich, dann eignet es sich gut zum Einkochen, wie zu Apfelmus, Marmeladen usw. Doch frische und leicht verderbliche Waren (zum Beispiel Fleisch) sollten erst dann gekauft werden, wenn man sie braucht. Grundsätzlich gilt: bedarfsgerecht und in Maßen einkaufen!

Zeit einplanen

Wie schon erwähnt, sind Spontaneinkäufe und Einkäufe in Zeitnot keine gute Idee. Die Gefahr, dass man (vermeintlichen) Angeboten verfällt und dann Lebensmittel in der Mülltonne landen, ist groß. Daher plane für deinen Einkauf Zeit ein. Am besten nimm dir einmal in der Woche einen festen Tag, an dem du einkaufst. So kommst du am besten in eine Routine, was das regelmäßige Überprüfen deiner Lebensmittel und die Planung anbelangt. Und nimm dir die Zeit, entsprechende Angebote, Zustand, Herkunft und Preise zu vergleichen. Im Gegenzug sparst du Geld und wertvolle Lebensmittel.

Kannst du deine Einkäufe vielleicht auch mal mit dem Fahrrad oder zu Fuß erledigen? Wir gehen zum Beispiel oft mit einem Einkaufstrolley einkaufen. Man spart Geld, ist gleichzeitig an der frischen Luft und bewegt sich – was will man mehr?

DIE PYRAMIDE FÜR NACHHALTIGEN KONSUM

Die Deutsche Umweltstiftung hat, angelehnt an die Maslowsche Bedürfnispyramide, eine Anti-Verbraucher-Pyramide des nachhaltigen Einkaufens entwickelt.[10] Auch die Illustratorin Sarah Lazarovics hat eine Pyramide entwickelt, „Buyerarchy of Needs", übersetzt: „Kauf-Hierarchie der Bedürfnisse". Weil wir finden, dass sich diese Pyramiden wunderbar mit den 5 R'S für weniger Müll von Bea Johnson ergänzen (siehe S. 20), wollen wir sie hier vorstellen.

Sie funktionieren nach demselben Prinzip wie zum Beispiel die Ernährungspyramide. Mithilfe von unterschiedlich großen Ebenen zeigen sie an, mit welchem Umfang bestimmte Maßnahmen zu einem nachhaltigeren Lebensstil beitragen können. Je größer eine Ebene ist, desto mehr

https://www.sarahl.com/

Wert wird dieser Verhaltensweise beigemessen. Da sich auf den untersten Ebenen die wichtigsten Prinzipien befinden, liest man die Pyramide von unten nach oben.

Die Pyramide im Detail

Vom Grundsatz sind die Pyramiden von der Deutschen Umweltstiftung und Sarah Lazarovic ähnlich, doch in drei Ebenen unterscheiden sie sich. Während Sarah auf Ebene 2 auf „leihen" verweist, sieht die Deutsche Umweltstiftung hier „machen" vor. Auf der vierten Ebene hat die Deutsche Umweltstiftung „leihen", Sarah „gebraucht kaufen". Die fünfte Ebene wird von der Deutschen Umweltstiftung mit „gebraucht kaufen" versehen, während Sarah hier „machen" sieht. Wir schließen uns an dieser Stelle Sarahs Pyramide an: Da für das Machen auch eine Menge Ressourcen benötigt werden, sehen wir diesen Aspekt auch eher auf der fünften Ebene. „Gebraucht kaufen" meint in der Regel, dass Vorhandenes wiederverwendet wird, während „machen" manchmal auch Neues benötigt. Aber unabhängig davon sagen beide Pyramiden das Gleiche aus. Wir finden, dass jeder und jede seine bzw. ihre Schwerpunkte selbst setzen kann und soll.

Nutze das, was du schon hast: Ziel ist es, den eigenen Ressourcen- und Energieverbrauch im Alltag so weit wie möglich zu senken. Der leichteste Weg ist das Nutzen von dem, was man hat. Bevor man etwas Neues kauft, sollte das, was man schon besitzt, aufgebraucht werden. Für jedes neue Produkt, egal ob Lebensmittel, Kleidung oder Gegenstände, sind viele Ressourcen notwendig, die man dadurch einsparen kann. Je länger wir also etwas nutzen, desto mehr sparen wir an Ressourcen.

Leihe aus, statt zu kaufen: Manche Gegenstände brauchen wir nur ein, zwei, drei Male. Sie trotzdem selbst im Haus zu haben, kostet nicht nur Platz, sondern auch Geld und Ressourcen. Da macht es unter Umständen mehr Sinn, die benötigten Produkte in der Familie, im Bekanntenkreis oder auf Verleihplattformen auszuleihen, wenn man sie dann mal braucht.

Tauschen statt kaufen: Manche Dinge brauchen wir nicht mehr, und dafür besitzen andere Menschen die Dinge, die wir brauchen, sie aber nicht mehr. Das ist eine super Ergänzung und eine tolle Win-Win-Situation. Tauschen ist eine super Alternative zum Kaufen.

Gebraucht kaufen: Manchmal geht Ausleihen oder Tauschen aus verschiedenen Gründen nicht. Mit Gebrauchtkäufen sparst du bares Geld, schonst natürlich Ressourcen und vermeidest Müll.

Selber machen: Vor allem in der Küche lassen sich viele Dinge selber machen – Marmeladen, Dips, Aufstriche, ganze Mahlzeiten natürlich, Spülmittel, Putzmittel ... Im Idealfall stellst du die Lebensmittel mit regionalen und saisonalen Zutaten und aus Resten, die du sowieso im Haus hast, her. Beim Selbermachen weißt du, was drin ist, und sparst Ressourcen und Müll. Eine Menge Tipps zum Umgang mit Lebensmitteln und zur Resteverwertung kannst du ab S. 70 nachlesen.

Neu kaufen: Die Spitze der Pyramide ist auch die kleinste Ebene. Es sollte nur etwas neugekauft werden, wenn es nicht anders geht. Doch manchmal kommt man nicht drum herum: Leihen, Tauschen, Gebrauchtkaufen und Selbermachen kommen nicht infrage. Wenn du Produkte neukaufst, kannst du darauf achten, dass sie ökologisch, fair und ressourcenarm hergestellt wurden und ggf. wenig Strom verbrauchen. Im Idealfall ist es ein qualitativ hochwertiges Produkt, sodass du möglichst lange Freude daran hast.

SPEISEPLÄNE MACHEN UND RICHTIG EINKAUFEN

Mit einem Speiseplan kannst du deinen Einkauf und auch dein Einkaufsverhalten steuern und nachhaltiger gestalten. Wenn du vorher planst, was du die Woche über kochen wirst, kannst du die Mahlzeiten aufeinander abstimmen und Reste oder Angebrochenes vom Vortag weiterverwerten. Ein Speiseplan hilft dabei, den Alltag zu organisieren und weniger zu improvisieren. Er hilft also nicht nur dabei, Müll einzusparen, sondern auch Zeit, Nerven und auch Geld.

Wichtig dabei ist, dass der Speiseplan schriftlich festgehalten wird und dass die Zutaten auf einen Einkaufszettel geschrieben werden. So bleibt der Kopf frei für anderes. Du kannst ihn in deinem Handy speichern, auf eine Tafel schreiben oder Papier oder Karteikarten nutzen.

Sonntags setzen wir uns zusammen und schreiben unseren Speiseplan für die kommende Woche. Dadurch kann sich niemand beschweren, dass seine Lieblingsgerichte nie auf den Tisch kommen. Dieser wird am Kühlschrank befestigt. Zuerst haben wir Klebezettel genutzt, um unsere Lieblingsspeisen zu notieren, und sie an unserem Kühlschrank befestigt. Unsere Tochter hatte die Wochentage auf Zetteln sehr schön gestaltet, die immer am Kühlschrank klebten. Irgendwann haben wir die Mahlzeiten am Computer geschrieben, ein Bild von der Speise hinzugefügt, und die

einzelnen Gerichte dann ausgedruckt und laminiert. Das gefällt uns besser und ist hygienischer. So bleiben die Zettel lange nutzbar. Bei uns gibt's vor allem Eintöpfe, Suppen, Aufläufe, Nudel- und Reisgerichte, verschiedene Kartoffelgerichte, und natürlich dürfen auch selbstgemachte Pizza und vegetarischer Döner nicht fehlen.

Wir halten unsere Speisen einfach, sowohl von den Zutaten her als auch vom Aufwand. Wichtig ist uns auch, dass wir an manchen Tagen für zwei Tage vorkochen und dadurch Zeit und Energie sparen.

Durch eine solche Planung lässt sich auch der Wocheneinkauf viel besser planen und strukturieren - was wieder bares Geld, Zeit, Nerven und Ressourcen spart. Probiere das mal aus, das erleichtert vieles.

Viele vegetarische und vegane Rezepte findest du auf unserem Blog www.gruenesfamilienleben. de. Uns ist immer wichtig, dass unsere Speisen im Grunde schnell zu kochen und die Zutaten leicht zu bekommen sind. Speiseplane müssen auch nicht beeindruckend sein. Viel wichtiger sind Freude am Planen und die Vorfreude auf das Kochen und Essen. Jeden Sonntag veröffentlichen wir einen möglichen Speiseplan mit Inspirationen auf unserem Instagramkanal @gruenesfamilienleben.de.

Damit die Planung noch besser gelingt, hier noch ein paar Tipps:

- Plane Termine in der Woche mit ein und überlege, wie viel Zeit du jeweils fürs Kochen hast.
- Auf dieser Basis kannst du dann deine Rezeptauswahl treffen: vorkochen für zwei Tage, Eingefrorenes/Eingekochtes nutzen, schnelle Gerichte etc.
- Achte immer darauf, dass die Beilagen Obst oder Gemüse enthalten. Plane hier so, dass du im Idealfall die Reste am nächsten Tag noch verwerten kannst, oder plane einen Restetag ein.
- Plane für eine Woche. Alles andere kann auf Dauer zu viel werden und die Lust schwinden lassen.

Hier ein paar Beispiele für Wochenspeisepläne:

Montag	Schakschuka mit Focaccia als Beilage
Dienstag	veganer Bauerntopf mit Linsen
Mittwoch	veganer Bauerntopf mit Linsen
Donnerstag	Tofufrikassee nach Art „Hühnerfrikassee"
Freitag	Spaghetti mit Gemüsesoße und Tofu
Samstag	Chili sin Carne mit Toastbrot oder Weltmeisterbrot als Beilage
Sonntag	Chili sin Carne mit Toastbrot oder Weltmeisterbrot als Beilage

Montag	Linsenbolognese
Dienstag	Linsenbolognese
Mittwoch	Pfannkuchen mit Salatbeilage
Donnerstag	Kartoffel-Möhren-Eintopf mit Haferflockenbratlingen
Freitag	Kartoffel-Möhren-Eintopf mit Haferflockenbratlingen
Samstag	vegetarischer Döner mit glutenfreiem Fladenbrot
Sonntag	Gnocchi mit Tomaten-Creme-Soße und Rucola

Montag	Zucchini-Möhren-Spaghetti in einer Joghurtsoße mit Tomaten und Rote Bete
Dienstag	Spaghetti Carbonara (vegan)
Mittwoch	Smashed Potatoes mit Quark Dip und Salat
Donnerstag	Tomatensuppe mit Focaccia
Freitag	Reibeplätzchen mit Apfelmus
Samstag	vegane Spaghetti Bolognese
Sonntag	Kohlrabischnitzel mit Kartoffeln, brauner Sauce und Salat

ÜBER DEN QR-CODE KANNST DU DIR DIESE SPEISEPLÄNE AUCH ALS PDF AUF DEIN SMARTPHONE LADEN. AUßERDEM FINDEST DU SIE AUCH AUF DER ULMER-HOMEPAGE.

SAISONKALENDER

Obst und Gemüse sollte man am besten regional kaufen und vor allem dann, wenn es jeweils reif ist, also saisonal. Das ist am ökologischsten. Wenn Obst und Gemüse importiert oder aufwendig außerhalb der Saison angebaut werden, ist der Ressourcenverbrauch enorm: Für eine Gewächshausaufzucht und Ernte außerhalb der Saison werden bis zu 30-mal mehr Energie, Treibstoff (für den Transport) und Wasser benötigt. Auch wenn es mittlerweile fast das gesamte Sortiment an Obst und Gemüse das ganze Jahr über frisch zu kaufen gibt, sollte man immer diese Schattenseiten bedenken.

Aber Vorsicht: Auch in den Monaten, in denen ein jeweiliges Gemüse regional geerntet wird, findet man auf den Märkten und in den Geschäften Ware, die weite Wege aus dem Ausland hinter sich hat. Beim Einkauf sollte daher auch immer auf das Ursprungsland bzw. die Ursprungsregion geachtet werden.

In den Sommermonaten ist am meisten an regionalem Obst und Gemüse erhältlich, dann gibt es fast die gesamte Palette an frischem Obst und Gemüse direkt vom Erzeuger. Durch die kurzen Transportwege ist die CO_2-Bilanz gut. Hinzu kommt, dass Obst und Gemüse während der Saison am besten schmecken, weil es meistens nicht aus aufwendiger Gewächshauszucht stammt, sondern im Freiland geerntet wurde. Man denke da nur an Tomaten im Winter: Sie sind nicht so aromatisch wie die im Sommer.

Beim Kauf von regionalem Gemüse solltest du auch auf den Reifegrad achten. Ist der optimale Reifegrad erreicht, schmeckt das Produkt am besten, hat den höchsten Nährstoff- und Vitamingehalt, und die Klimabilanz ist in diesem Moment die beste.

Im Frühjahr ist das regionale Gemüse und Obstangebot am kleinsten, die Lagerware ist weitestgehend aufgebraucht, die neue Ernte aber noch nicht in Sicht. Hier ist es am schwierigsten, regionales Obst und Gemüse zu erhalten.

> HAST DU ETWAS PLATZ IM GARTEN ODER AUF DEM BALKON? MANCHE GEMÜSE- UND OBSTSORTEN, WIE TOMATEN ODER GURKEN, KANNST DU AUCH WUNDERBAR SELBST ANPFLANZEN UND VIEL FRÜHER UND TEILWEISE AUCH LÄNGER ERNTEN.

Januar

Gemüse & Salat

Als Frischprodukt erhältlich

Champignon	Chicorée	Chinakohl
Feldsalat	Grünkohl	Meerrettich
Pastinake	Petersilien-wurzel	Portulak
Rosenkohl	Steckrübe	Wirsing

Aus Lagerware

Butternuss-Kürbis	Hokkaido-Kürbis	Kartoffel
Knollen-sellerie	Kürbis (orange)	Möhre
Porree	Radicchio	Rettich
Rote Bete	Rotkohl	Schalotte
Spitzkohl	Weißkohl	Zwiebel

Obst

Aus Lagerware

Apfel

Februar

Gemüse & Salat

Als Frischprodukt erhältlich

Champignon	Chicorée	Chinakohl
Feldsalat	Pastinake	Petersilien-wurzel
Portulak	Steckrübe	Wirsing

Aus Lagerware

Butternuss-Kürbis	Hokkaido-Kürbis	Kartoffel
Knollensel-lerie	Kürbis	Möhre
Porree	Radicchio	Rettich
Rote Bete	Rotkohl	Schalotte
Spitzkohl	Weißkohl	Zwiebel

Obst

Aus Lagerware

Apfel

März

Gemüse & Salat

Als Frischprodukt erhältlich

Champignon	Chicorée	Feldsalat
Portulak	Steckrübe	

Aus Lagerware

Butternuss-Kürbis	Chinakohl	Kartoffel
Knollen-sellerie	Kürbis	Möhre
Porree	Rote Bete	Rotkohl
Schalotte	Weißkohl	Wirsing
Zwiebel		

Obst

Als Frischprodukt erhältlich

Rhabarber

Aus Lagerware

Apfel

April

Gemüse & Salat

Als Frischprodukt erhältlich

Champignon	Chicorée	Feldsalat
Radieschen	Spargel	Spinat

Aus Lagerware

Chinakohl	Kartoffel	Knollen-sellerie
Möhre	Porree	Rotkohl
Schalotte	Weißkohl	Wirsing
Zwiebel		

Obst

Als Frischprodukt erhältlich

Rhabarber

Aus Lagerware

Apfel

Mai

Gemüse & Salat

Als Frischprodukt erhältlich

Batavia	Blumenkohl	Champignon
Chinakohl	Dicke Bohne	Eichblatt-salat
Endiviensalat	Frühlings-zwiebel	Kohlrabi
Kopfsalat	Lollo Rosso	Mairübe
Mangold	Pak Choi	Radieschen
Rettich	Romanesco	Rotkohl
Rucola	Salatgurke	Spargel
Spinat	Spitzkohl	Zucker-/Kaiserschote

Aus Lagerware

Kartoffel	Knollensel-lerie	Möhre
Porree	Schalotte	Weißkohl
Wirsing	Zwiebeln	

Obst

Als Frischprodukt erhältlich

Rhabarber

Aus Lagerware

Apfel

Juni

Gemüse & Salat

Als Frischprodukt erhältlich

Aubergine	Batavia	Blumenkohl
Brokkoli	Champignon	Chinakohl
Dicke Bohne	Eichbergsalat	Eichblattsalat
Eisbergsalat	Endiviensalat	Erbse
Fenchel	Frühlings-zwiebel	Grüne Bohne
Kartoffel	Knollen-sellerie	Kohlrabi
Kopfsalat	Lollo Rosso	Mairübe
Mangold	Pak Choi	Paprikaschote
Radieschen	Rettich	Romanesco
Rotkohl	Rucola	Salatgurke
Spargel	Spinat	Spitzkohl
Staudensel-lerie	Wirsing	Zucchini
Zucker-/Kaiserschote		

Aus Lagerware

Möhre	Porree	Schalotte
Weißkohl	Zwiebel	

Obst

Als Frischprodukt erhältlich

Blaubeere/Heidelbeere	Erdbeere	Himbeere
Johannisbeere	Kirsche	Mirabelle
Rhabarber	Stachelbeere	

Juli

Gemüse & Salat

Als Frischprodukt erhältlich

Artischocke	Aubergine	Batavia
Blumenkohl	Brokkoli	Champignon
Chinakohl	Dicke Bohne	Eichbergsalat
Eichblattsalat	Eisbergsalat	Endiviensalat
Erbse	Fenchel	Frühlings-zwiebel
Grüne Bohne	Kartoffel	Knollen-sellerie
Kohlrabi	Kopfsalat	Lollo Rosso
Mairübe	Mais	Mangold
Möhre	Pak Choi	Paprikaschote
Pfifferling	Radieschen	Rettich
Romanesco	Rotkohl	Rucola
Salatgurke	Schalotte	Spinat
Spitzkohl	Stauden-sellerie	Tomate
Wirsing	Zucchini	Zwiebel

Aus Lagerware

Porree	Weißkohl

Obst

Als Frischprodukt erhältlich

Aprikose	Blaubeere/Heidelbeere	Brombeere
Erdbeere	Himbeere	Johannisbeere
Kirsche	Mirabelle	Pflaume
Rhabarber	Stachelbeere	

August

Gemüse & Salat

Als Frischprodukt erhältlich

Artischocke	Aubergine	Batavia
Blumenkohl	Brokkoli	Champignon
Chinakohl	Dicke Bohne	Eichbergsalat
Eichblatt-salat	Eisbergsalat	Endiviensalat
Erbse	Fenchel	Frühlings-zwiebel
Grüne Bohne	Hokkaido-Kürbis	Kartoffel
Knollen-sellerie	Kohlrabi	Kopfsalat
Mais	Mangold	Möhre
Lollo Rosso	Pak Choi	Paprikaschote
Pfifferling	Porree	Radieschen
Rettich	Romanesco	Rotkohl
Rucola	Salatgurke	Schalotte
Spinat	Spitzkohl	Staudensellerie
Steinpilz	Tomate	Wirsing
Zucchini	Zwiebel	

Aus Lagerware

Weißkohl

September

Obst

Als Frischprodukt erhältlich

Apfel	Aprikose	Birne
Blaubeere/ Heidelbeeren	Brombeere	Himbeere
Johannisbeere	Kirsche	Mirabelle
Pflaume	Stachelbeere	Wasser- melone

Gemüse & Salat

Als Frischprodukt erhältlich

Artischocke	Aubergine	Batavia
Blumenkohl	Butternuss- Kürbis	Brokkoli
Champignons	Chinakohl	Dicke Bohne
Eichbergsalat	Eichblattsalat	Eisbergsalat
Endiviensalat	Fenchel	Frühlings- zwiebel
Hokkaido- Kürbis	Kartoffel	Knollen- sellerie
Kohlrabi	Kopfsalat	Mais
Mangold	Möhre	Lollo Rosso
Pak Choi	Paprikaschote	Pfifferling
Porree	Radieschen	Rettich
Romanesco	Rote Bete	Rotkohl
Rucola	Schalotte	Spinat
Spitzkohl	Staudensel- lerie	Steinpilz
Süßkartoffel	Tomate	Weißkohl
Wirsing	Zucchini	Zwiebel

Obst

Als Frischprodukt erhältlich

Apfel	Birne	Blaubeere/ Heidelbeere
Brombeere	Holunderbeere	Pflaume
Quitte	Wassermelone	Weintraube

Oktober

Gemüse & Salat

Als Frischprodukt erhältlich

Aubergine	Blumenkohl	Brokkoli
Butternuss-Kürbis	Champignon	Chicorée
Chinakohl	Dicke Bohne	Eichbergsalat
Eichblattsalat	Eisbergsalat	Endiviensalat
Feldsalat	Fenchel	Frühlings-zwiebel
Grünkohl	Hokkaido-Kürbis	Kartoffel
Knollensel-lerie	Kohlrabi	Kopfsalat
Kürbis (orange)	Mais	Mangold
Meerrettich	Möhre	Lollo Rosso
Pak Choi	Paprikaschote	Pfifferling
Porree	Radieschen	Rettich
Romanesco	Rosenkohl	Rote Bete
Rotkohl	Spinat	Spitzkohl
Staudensellerie	Steinpilz	Süßkartoffel
Weißkohl	Wirsing	Zwiebel

Aus Lagerware

Schalotte

Obst

Aus Frischprodukt erhältlich

Apfel	Birne	Holunderbeere
Quitte	Weintraube	

November

Gemüse & Salat

Als Frischprodukt erhältlich

Brokkoli	Champignon	Chicorée
Chinakohl	Dicke Bohne	Endiviensalat
Feldsalat	Grünkohl	Knollen-sellerie
Kürbis (orange)	Meerrettich	Möhre
Pastinake	Petersilien-wurzel	Porree
Rettich	Rosenkohl	Rote Bete
Rotkohl	Steckrübe	Weißkohl
Wirsing		

Aus Lagerware

Butternuss-Kürbis	Hokkaido-Kürbis	Kartoffel
Schalotte		

Obst

Aus Frischprodukt erhältlich

Apfel	Quitte

Aus Lagerware

Birne

Dezember

Gemüse & Salat

Als Frischprodukt erhältlich

Champignon	Chicorée	Chinakohl
Endiviensalat	Eichbergsalat	Feldsalat
Grünkohl	Knollen-sellerie	Meerrettich
Pastinake	Petersilien-wurzel	Porree
Portulak	Rosenkohl	Rote Bete
Steckrübe	Wirsing	

Aus Lagerware

Butternuss-Kürbis	Hokkaido-Kürbis	Kürbis (orange)
Möhre	Radicchio	Rettich
Rotkohl	Schalotte	Spitzkohl
Weißkohl	Zwiebel	

Obst

Aus Lagerware

Apfel	Birne

Über den Link www.ulmer.de/kueche-ohne-schnickschnack oder den nebenstehenden QR-Code kannst du dir diesen Saisonkalender sowie eine verkleinerte Tabellen-Version davon auch als PDF auf dein Smartphone laden. Ob dort oder ausgedruckt: griffbereit ist immer gut.

DER WASSERVERBRAUCH IN DER LEBENSMITTEL-PRODUKTION

Weltweit wird mehr als ein Drittel der bewohnbaren Fläche durch Landwirtschaft genutzt. Am Verlust der biologischen Vielfalt trägt sie einen Anteil von etwa 70 %, an der Entwaldung von 80 % und an der globalen Süßwasserentnahme von 70 %. Durch Bevölkerungswachstum, einen damit verbundenen steigenden Verbrauch an Nahrungsmitteln, sich veränderndes Konsumverhalten, durch die Auswirkungen und Folgen des Klimawandels und regionale und saisonale Wasserverfügbarkeit steigt der Druck auf die weltweiten Süßwasserressourcen. Die Auswirkungen des Klimawandels werden sich am deutlichsten im Zusammenhang mit Wasser zeigen – hier liegt wahrscheinlich die größte Gefahr des kommenden Jahrzehnts. Insbesondere Dürren gehören zu den folgenschwersten Naturkatastrophen weltweit.

Problem Wasserknappheit

Derzeit sind etwa 55 Millionen Menschen und 80 % der Landwirtschaft von Dürre bzw. Wasserknappheit betroffen. Weil sich die Erde immer weiter erwärmt, sind länger anhaltende und häufigere Dürreperioden zu erwarten, auch in Europa. Insbesondere Südeuropa gilt als besonders gefährdet.[11] Doch auch in Deutschland zeigen sich Auswirkungen: Im Frühsommer 2022 kletterte das Thermometer auf bis zu 37 °C – die erste Hitzewelle dieses Jahres. In Italien wurde Wasser rationiert, in anderen Regionen wurde es verboten, Wasser aus Bächen, Flüssen und Seen zu entnehmen, in Frankreich kam es zu Temperaturen von über 40 °C – wir betonen: Das alles passierte im Frühsommer.

Zwar gibt der Deutsche Bauernverband an, derzeit zu 99 % „grünes" Wasser zu nutzen,[12] doch wird es nicht mehr ewig möglich sein, ausschließlich darauf zurückzugreifen. Der Sommer 2022 war (wie die Sommer der Jahre zuvor) überdurchschnittlich warm und ging mit unterdurchschnittlichen Niederschlagsmengen einher. Viele Bäume verloren ihr Laub, Pflanzen vertrockneten, Seen trockneten aus. Die unterdurchschnittlichen Regenmengen ziehen sich von Jahr zu Jahr durch, die Klimazonen verändern sich zunehmend weiter. Folgerichtig ziehen sich die Konsequenzen auch durch die weiteren Jahre: Es wird weiter zu niedrigen Wasserständen, Ernteverlusten und -totalausfällen sowie Vertrocknung von Grasflächen kommen, was wiederum zu Problemen in der Futter- und Lebensmittelversorgung führt. Trotz der Zunahme von Extremwetterereignissen wie Starkregen, wird sich die Wasserknappheit auch in Deutschland zukünftig verschärfen.[13] Wir können an dieser Stelle festhalten: Es wird nicht besser werden.

Virtuelles Wasser

Wasserknappheit fällt regional unterschiedlich aus. Doch trotzdem wird deutlich: Es besteht die Notwendigkeit, unser Konsumverhalten anzupassen. 125 Liter benötigt jeder in Deutschland lebende Mensch pro Tag, beispielsweise zum Kochen, Waschen, Trinken etc. Hinzu kommt das Wasser, das zur Lebensmittelproduktion verbraucht wird (und zur Produktion von Gebrauchs- und Industriegütern allgemein): Obst, Gemüse und landwirtschaftliche Produkte müssen gewässert und gedüngt werden, damit sie wachsen. Tiere benötigen Futter, das angebaut und bewässert werden muss, und leben in Ställen, die gereinigt werden müssen. Wird all dies berücksichtigt, so kam jeder in Deutschland lebende Mensch im Jahr 2011 auf einen Wasserverbrauch von durchschnittlich 3900 Litern am Tag.[14] Der Großteil des Wassers wird für die Lebensmittelerzeugung benötigt. Bezeichnet wird dieses nicht sichtbare Wasser als virtuelles Wasser. Unterschieden wird es in grünes, blaues und graues Wasser, wodurch der Wasserverbrauch bewertet werden kann:

● Grünes Wasser stammt aus dem natürlichen Kreislauf: Es ist etwa das Wasser, das Pflanzen aus dem Boden und aus Niederschlägen aufnehmen. Verbraucht wird grünes Wasser insbesondere in der Landwirtschaft, Gartenkultur und Forstwirtschaft.

● Blaues Wasser hingegen ist das Wasser, das aus Grundwasser und Oberflächengewässern (Bäche, Seen, Flüsse) genommen und somit dem natürlichen Wasserkreislauf entzogen wird: Es ist das Wasser, das für die künstliche Bewässerung von Pflanzen und Feldern oder in der Produktion benutzt wird oder das in künstlichen Wasserspeichern und Kanälen verdunstet. Verbraucht wird blaues Wasser vor allem durch die Landwirtschaft und Industrie sowie in Privathaushalten. Um unseren Wasserverbrauch in Bezug auf unsere Ernährung einordnen zu können, ist diese Kategorie wichtig.

● Graues Wasser ist das saubere Wasser, das notwendig ist, um Verschmutzungen und Schadstoffe in Süßwasser zu verdünnen, um bestimmte Wasserqualitätsstandards zu erfüllen. Meeresverschmutzungen bleiben hierbei unberücksichtigt. Graues Wasser hat nur einen theoretischen Wert und wird nicht wirklich verbraucht.[15]

Laut Angabe des Statistischen Bundesamtes werden in Deutschland jährlich ca. 24 Milliarden Kubikmeter Frischwasser gewonnen, wovon 1,4 % von der Landwirtschaft genutzt werden.[16] Bisher verbraucht die Landwirtschaft in Deutschland meist grünes Wasser, indem sie natürliche Niederschläge zum Bewässern nutzt.[17] Der Anteil an blauem Wasser beträgt derzeit 2,2 % und spielt kaum eine Rolle,[18] doch wird sich das, bedingt durch den Klimawandel, sehr wahrscheinlich verändern. Und dies wiederum birgt eine Gefahr: Denn wird bei Wasserknappheit übermäßig Grund- und Oberflächenwasser für die Landwirtschaft entnommen, kann dies zum Sinken des Grundwasserspiegels führen. Versiegen von Brunnen und Versorgungsengpässe mit Trinkwasser sind die Folge. Es entstehen Konflikte um die Nutzung des Trinkwassers, mit Auswirkungen für Mensch und Natur.[19]

Verschmutztes Trinkwasser

In manchen Weltgegenden, zum Beispiel Brasilien, wird Wasser durch den Einsatz von Pestiziden verschmutzt, sodass ein Großteil der Bevölkerung nicht mit sauberem Trinkwasser versorgt werden kann. In Deutschland sind weniger Pestizide das Problem, sondern die Stickstoffverbindung Nitrat. Zu viel Nitrat führt zu einem Übermaß an reaktiven Stickstoffverbindungen, was unsere Land- und Wasserökosysteme schwer belastet. In Oberflächengewässern kann eine Nährstoffüberlastung zu einer starken Vermehrung von Algen und damit zum Fischsterben führen. Auch sind viele Pflanzenarten bei uns gar nicht an große Strickstoffmengen gewöhnt, was zur Folge hat, dass stickstoffliebende Pflanzen heimische verdrängen. Mittlerweile stehen über 70 % der Pflanzenarten in Deutschland auf der Roten Liste für gefährdete Arten.

Aber auch im Grundwasser ist Nitrat schädlich und kann im menschlichen Körper potenziell Schäden verursachen. Die Albert Schweitzer Stiftung gibt an, dass deutschlandweit 18 % des genutzten Grundwassers den Schwellenwert von 50 Milligramm Nitrat je Liter überschreiten. In landwirtschaftlichen Regionen sind die Nitratwerte öfters erhöht.

Auch gelangt Antibiotika immer wieder in die Gewässer, wodurch die Gefahr der Bildung von multiresistenten Keimen entsteht.[20]

Künstliche Bewässerung notwendig

Insbesondere in südlichen Ländern müssen Felder oft künstlich bewässert werden, Tendenz steigend. Die Landwirtschaft muss ihre Produktionsbedingungen anpassen und nachhaltiger gestalten, auch in Deutschland. Weltweit werden derzeit etwa 40 bis 50 % des verfügbaren blauen Wassers genutzt. Auch für nach Deutschland importierte Waren. Mehr als die Hälfte des deutschen Wasserfußabdrucks resultiert aus importierten Waren. Bei Produkten aus dem Ackerbau liegt der Importanteil bei 60 %. Das meiste virtuelle Wasser steckt in importiertem Kaffee, Rindfleisch und überwiegend gentechnisch verändertem Soja für Tierfutter aus Brasilien. Von allen Lebensmittelimporten im Jahr 2010 hatten Baumwolle, Zucker, Zuckerwaren, Früchte, Nüsse und Fleisch den höchsten Verbrauch an blauem Wasser vorzuweisen.[21]

Wassernutzung in der Erzeugung tierischer Lebensmittel

In Deutschland selbst wird das meiste Wasser für den Ackerbau benötigt: 71 % fallen für die Produktion pflanzlicher Produkte an, 29 % für die Herstellung tierischer Produkte. Doch sind diese Zahlen kritisch zu betrachten: In dem Wasserverbrauch für die Herstellung tierischer Produkte sind nicht die Wassermengen enthalten, die für die Futterherstellung durch den Anbau von Getreide und Soja verbraucht werden.[22] Der Wasserbedarf für die Erzeugung tierischer Lebensmittel liegt aufgrund der großen benötigten Futtermenge also deutlich höher als der für den Anbau pflanzlicher Nahrung.

Ein Beispiel: Für ein Kilo Rindfleisch werden 15 400 Liter Wasser benötigt. 99 % des Wassers geht in die Futtererzeugung – in Deutschland ist dies, wie erwähnt, derzeit noch überwiegend grünes Wasser.[23] Etwa ein Drittel der weltweiten Getreideanbauflächen dienen der Futtermittelproduktion. In Deutschland machen diese Flächen sogar fast zwei Drittel, 60 %, der gesamten Ackerflächen aus.

Auch werden drei Viertel der Sojaproduktion weltweit für die industrielle Tierhaltung verwendet.

> Der gesamte jährliche Wasserfußabdruck Deutschlands beträgt etwa 120 Milliarden Kubikmeter.[24] Das bedeutet jährlich pro Kopf einen Verbrauch von 1462 Kubikmetern. Zum Vergleich, und um die Brisanz dieser Zahl deutlicher zu machen: In eine normale Badewanne passen etwa 150 Liter Wasser, also 0,15 Kubikmeter. Umgerechnet heißt das, dass jeder in Deutschland lebende Mensch durchschnittlich 9800 Badewannen Wasser pro Jahr verbraucht!

Globaler Gesamtbedarf an Wasser in der Erzeugung tierischer Lebensmittel

Global betrachtet liegt der Gesamtbedarf an Wasser für die Erzeugung von Fleisch und anderen tierischen Lebensmitteln wie Käse, Milch und Eiern bei 422 Millionen Kubikmeter pro Jahr. Mit über 70 % (304 Millionen Kubikmeter) wird das mit Abstand meiste Wasser für den Anbau des Futtermittels Mais benötigt. Soja braucht 44 Millionen Kubikmeter. Grundsätzlich stammt das meiste Futtermittel für die Tierhaltung aus Regionen ohne Wasserknappheit. Mais hingegen stammt mit fast 80 % aus Wasserknappheitsregionen.

Der hohe Wasserverbrauch für pflanzliche Lebensmittel lässt sich auf den geringen Selbstversorgungsgrad bei Obst und Gemüse in Deutschland zurückzuführen: Deutschland kann seinen Bedarf an Obst und Gemüse nicht selbst decken und muss importieren. 2020 lag die Zahl an importiertem Obst und Gemüse bei etwa 15,3 Millionen Tonnen. Und das Gros stammt aus Regionen mit hohem Wasserknappheitsrisiko.[25]

Unser Konsumverhalten trägt zur Wasserknappheit bei

Es gibt einen maßgeblichen Zusammenhang zwischen unserem Konsumverhalten und der Menge des nutzbaren Wassers: Beziehen wir Lebensmittel aus Regionen mit erhöhtem Wasserrisiko, verschärfen wir dadurch die Situation vor Ort. Wir sind daher in der Verantwortung, unseren Konsum so zu gestalten, dass wir keine Lebensmittel aus Regionen mit Wasserrisiko beziehen, sondern stattdessen aus Regionen, die keinen negativen Einfluss auf die Wasserversorgung haben.

WWF Deutschland hat die Avocado als Beispiel angeführt: Avocados werden in subtropischen, tropischen und mediterranen Zonen angebaut. Ist die Region niederschlagsarm, erfolgt eine zusätzliche Bewässerung (blaues Wasser). Das hat zur Folge, dass die Wasserknappheit zunimmt und Konflikte um die Wassernutzung entstehen. In Zentral-Chile und an der peruanischen Küste sind in einigen Anbauregionen schon Flüsse und Brunnen versiegt, und die Bevölkerung wird mit streng rationiertem Wasser aus Lastwagen versorgt. In Ecuador hingegen führt der Avocadoanbau nicht zu einer Verschärfung der Wasserknappheit, da dort (noch?) ausreichend Niederschlag fällt (grünes Wasser).[26]

Wie viel virtuelles Wasser steckt in welchem Lebensmittel?

Damit du dir das Beschriebene besser vorstellen kannst, listen wir hier ein paar Lebensmittel mit ihrem virtuellen Wasserverbrauch auf:

- 1 Kilo Kartoffeln: ca. 290 Liter Wasser
- 1 Kilo Rindfleisch: über 15 400 Liter Wasser
- 1 Ei von etwa 60 Gramm: 200 Liter Wasser – der Wert liegt am Futter der Hühner: Für 1 Kilo Weizen werden 1300 Liter Wasser verbraucht.
- 1 Tasse Röstkaffee (etwa 7 Gramm Kaffeepulver): 140 Liter Wasser – Für 1 Kilo Röstkaffee werden 21 000 Liter Wasser benötigt.
- 1 Kilo Bananen: 860 Liter Wasser – Im konventionellen Bananenanbau werden Pestizide eingesetzt, wodurch das Grundwasser gefährdet ist. Hauptanbaugebiete sind Zentralafrika, Südwestasien und Mittel- und Südamerika.
- 1 Liter Milch: 7000 Liter Wasser. Die Wassermenge setzt sich aus dem Wasserbedarf für die Futterpflanzen, aus dem Trinkwasser für die Kuh sowie dem Wasserverbrauch im landwirtschaftlichen Betrieb und für die Weiterverarbeitung zusammen.
- 1 Kilo Chips: 1040 Liter Wasser (= mehr als dreimal so viel Wasser wie bei Kartoffeln)
- 750 Gramm Pizza Margherita: 1260 Liter Wasser – Hier macht der Mozzarella die Hälfte des Wasserverbrauchs aus, 44 % entfallen auf das Weizenmehl und 6 % auf die Tomatensoße.
- 1 Liter Bier: 300 Liter Wasser – Die Wassermenge entfällt auf den Anbau von Gerste oder Weizen und Hopfen sowie auf den Brauvorgang.
- 1 Kilo Reis: 3400 Liter Wasser – Mit bis zu einem Drittel des Gewichts fällt der meiste Wasserverbrauch beim Schälen der Körner an. 2300 Liter werden für den Anbau von ungeschältem Reis benötigt.

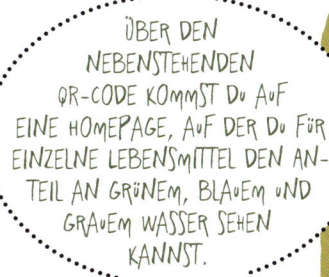

ÜBER DEN NEBENSTEHENDEN QR-CODE KOMMST DU AUF EINE HOMEPAGE, AUF DER DU FÜR EINZELNE LEBENSMITTEL DEN ANTEIL AN GRÜNEM, BLAUEM UND GRAUEM WASSER SEHEN KANNST.

Wie kannst du virtuelles Wasser sparen?

- Zunächst gilt, wie schon oft geschrieben: Kaufe nur die Dinge, die du wirklich brauchst, am besten Second-Hand.
- Verschenke deine alten Dinge wie Kleidung, Bücher etc.
- Plane deinen Einkauf, so gut es geht.
- Iss weniger Fleisch. Gerade die Produktion von Rindfleisch trägt weltweit zum Wassermangel bei.
- Kaufe saisonal und regional und achte auf die Herkunftsländer.

LEBENSMITTELSIEGEL

Lebensmittel werden immer mehr mit Labeln und Siegeln gekennzeichnet. Es gibt nationale und internationale Label für tierische, vegetarische oder vegane Lebensmittel, regional angebaute Lebensmittel, Fairtrade- und Biolebensmittel. Hier ein Überblick über die wichtigsten:

Seit 2013 zeichnet das unabhängige Label "Für Mehr Tierschutz" Produkte aus, die aus tiergerechterer Erzeugung stammen. Es gibt zwei Stufen: Einstieg und Premium.

Die Einstiegsstufe bietet mit größerem Platzangebot, Strukturen und Beschäftigungsmöglichkeiten einen ersten Mehrwert für die Tiere, die über die gesetzlichen Mindestanforderungen hinausgehen. Die Premiumstufe bietet darüber hinaus noch mehr Auslauf, noch mehr Platz und noch mehr Beschäftigung. Erweitert wird das La-

bel seit 2022 durch die vierstufige Kennzeichnung der Haltungsform. Diese wurde durch die Initiative Tierwohl (ITW), beginnend bei Stufe 1 als Stallhaltung bis zur Stufe 4 als Premiumhaltung, ins Leben gerufen.

Das Label „Pro Weideland" kennzeichnet eine Haltung mit pro Jahr mindestens 120 Tagen je 6 Stunden Weidegang und mit Verfütterung von Futter ohne Gentechnik sowie regelmäßiger Kontrolle dieser Kriterien.

Es gibt internationale Fairtrade-Standards, u. a.: Mindestpreise, langfristige Handelsbeziehungen, Verbot von Kinderarbeit, Einhalten von Gesundheits- und Arbeitsschutzmaßnahmen, Verbot von Gentechnik und Förderung der Umstellung auf den Bioanbau. Das Fairtradelabel mit dem Pfeil kennzeichnet Fairtrade-Mischprodukte oder mit Mengenausgleich hergestellte Lebensmittel.

Organisationen des Fairen Handels setzten sich für Mindestpreise, langfristige Handelsbeziehungen, Verbot von Kinderarbeit, Gesundheits- und Arbeitsschutzmaßnahmen, Verbot von

Gentechnik, sowie Förderung der Umstellung auf den Bio-Anbau ein. Ein Beispiel dafür ist die Organisation Fairtrade, die mit ihrem Siegel fair angebaute und gehandelte Produkte garantiert. Das Fairtrade-Siegel mit dem Pfeil kennzeichnet Lebensmittel mit Fairtrade-Mischprodukten oder Mengenausgleich.

„Ohne Gentechnik" kennzeichnet seit 2009 Produkte, die – wie der Name schon aussagt – ohne die Verwendung oder den Einsatz von Gentechnik hergestellt wurden.

Label und Siegel, die eine regionale Herstellung bezeichnen

Die Bezeichnung „regional" ist mit Vorsicht zu bewerten. Denn sie ist nicht gesetzlich geschützt und lässt viele Interpretationsmöglichkeiten. Auch lassen sich die Angaben nicht immer überprüfen. Angaben wie „von hier" oder „aus der Region" lassen ebenfalls viel Interpretationsspielraum. Es ist besser, im Markt nachzufragen oder direkt beim örtlichen Landwirt zu kaufen. Immer mehr Landwirte bieten kleine Verkaufsläden auf dem Hof an, in denen man ihre Erzeugnisse direkt kaufen und weite Transportwege sparen kann.

Das „Regionalfenster" kennzeichnet mittlerweile über 5500 Produkte. Es enthält drei Informationen: Wo kommt das Produkt her? Wo wurde es verarbeitet? Wie hoch ist der regionale Anteil? Hier soll der Verbraucher auf einen Blick direkt sehen, wie regional das Produkt ist. Hersteller sind allerdings nicht verpflichtet, das

Regionalfenster aufzudrucken. Gut 5500 gekennzeichneten Produkten stehen daher hunderttausende nicht deklarierte Produkte gegenüber. Hier wäre eine größere Verbreitung wünschenswert.

Das QS-Prüfzeichen steht für eine hohe Lebensmittelsicherheit und Prozessqualität bei der Produktion und Vermarktung von Lebensmitteln. Lebensmittel, die mit dem QS-Prüfzeichen gekennzeichnet sind, stehen für eine komplett nachvollziehbare und dokumentierte Lieferkette, vom Erzeuger bis zur Ladentheke. Es ist kein Qualitätssiegel im eigentlichen Sinne, sondern ein Prüfzeichen. Die Anforderungen hinsichtlich Lebensmittelsicherheit oder Tierschutz gehen auch über die gesetzlichen Vorgaben hinaus. Dieses Prüfzeichen ist in vielen Bereichen zu finden, sei es auf Fleischprodukten, Obst, Gemüse und Kartoffeln.

Das sechseckige deutsche Bio-Siegel wird seit Juli 2012 durch das EU-Bio-Logo erweitert. Diese beiden Zeichen sagen aus, dass es sich um ein zertifiziertes Bioprodukt handelt. Das EU-Bio-Logo ist für alle vorverpackten Bio-Lebensmittel, die einen Verarbeitungsschritt in der EU erfahren, verpflichtend. Das deutsche Bio-Siegel kann zusätzlich verwendet werden.

Über den nebenstehenden QR-Code kommst du auf eine Webseite, auf der du checken kannst, wie glaubwürdig die einzelnen Labels sind.

SCHLAUER KOCHEN UND ESSEN

In der Küche fallen oft viele Lebensmittelreste und Müll an. Durch ein paar Veränderungen und durch eine gute Planung lassen sich hier viele Ressourcen sparen. In diesem Kapitel geht es daher um die Themen Lebensmittelverschwendung, richtiges Aufbewahren von Lebensmitteln inklusive Resteverwertung, Vorräte anlegen und Müllentsorgung. Und wir geben dir ein paar Lifehacks und Tipps zur Müllvermeidung und stellen dir die pflanzenbasierte Ernährung vor.

DIE FOLGEN VON LEBENSMITTELVERSCHWENDUNG

Laut dem Bundesministerium für Ernährung und Landwirtschaft werden in Deutschland jährlich insgesamt rund 11 Millionen Tonnen Lebensmittelabfälle produziert. Der Großteil entsteht im Haushalt: 6,5 Millionen Tonnen (59 %) produzieren wir Bürger:innen an Lebensmittelabfällen zu Hause. Hinzu kommen u. a. noch 1,9 Millionen Tonnen (17 %) Abfälle in der Außer-Haus-Verpflegung, 1,6 Millionen Tonnen (15 %) in der Verarbeitung und 0,2 Millionen Tonnen (2 %) in der Primärproduktion. Und im Handel entstehen etwa 0,8 Millionen Tonnen Lebensmittelabfälle (7 %). In der Summe bedeutet das, dass jeder Verbraucher und jede Verbraucherin etwa 78 Kilo Müll im Jahr an Lebensmitteln wegwirft.[27] Das ist nicht nur ein ethisches, sondern auch ein ökologisches und ökonomisches Problem.

Mit jedem weggeworfenen Lebensmittel geht ein hoher Ressourcenverbrauch einher, denn vom Anbau über Verarbeitung, Transport und Handel bis zur Entsorgung wurden Ackerböden, Energie, Wasser, Dünger und andere Rohstoffe aufgewendet. Auf weggeworfene Lebensmittel entfallen ca. 30 % der weltweiten Anbauflächen. Der WWF Deutschland schätzt, dass ca. 2,6 Millionen Hektar eingespart werden könnten, wenn alle produzierten Lebensmittel auch tatsächlich verbraucht statt weggeworfen würden. Das sind rund 15 % der Fläche, die wir Deutschen für unsere Ernährung brauchen.[28]

Lebensmittel müssen geerntet, gewaschen und verpackt, zum Händler und nach Hause transportiert werden. Jeder einzelne Schritt produziert Treibhausgase und belastet dadurch das Klima.[29] Noch dramatischer als pflanzliche Lebensmittel wirken sich tierische Lebensmittel auf das Klima aus, doch dazu gibt es ab S. 92 tiefergehende Informationen.

Lebensmittelverschwendung stellt, wie gesagt, auch ein ethisches Problem dar. Grundsätzlich reichen die produzierten Lebensmittel weltweit für 12 Milliarden Menschen aus. Aber obwohl nur 7,7 Milliarden Menschen auf der Erde leben, haben über 700 Millionen nicht genügend zu essen.[30] Entweder nutzen reiche Länder landwirtschaftliche Flächen in ärmeren Ländern für Lebensmittelexporte, oder die Felder werden für den Anbau von Futtermitteln und Biokraftstoffen genutzt.[31]

Die Überproduktion führt zu einem achtlosen Umgang mit Lebensmitteln. Viel zu schnell werden Lebensmittel weggeworfen. Insbesondere im Handel stellt das ein sehr großes Problem dar. Nicht nur Fehlkalkulationen führen zu Lebensmittelabfällen, sondern auch falsche Normvorstellungen, wenn etwa Lebensmittel beispielsweise krumm, zu klein oder zu groß sind oder nicht die

„richtige" Farbe aufweisen (Handelsklasse B) und deshalb weggeworfen werden, noch bevor sie in den Handel kommen. Auch werden Lebensmittel oft mehrere Tage vor Ablauf des **Mindesthaltbarkeitsdatum** (MHD) unnötigerweise aus den Supermarktregalen aussortiert.[32]

Das Mindesthaltbarkeitsdatum (MHD) zeigt an, bis zu welchem Datum ein noch nicht geöffnetes Lebensmittel bei richtiger Lagerung garantiert seinen Geschmack, seine Farbe und seine Nährwerte behält. Lebensmittel sind also nicht sofort verdorben oder ungenießbar, wenn das MHD überschritten ist.
Das **Verbrauchsdatum** hingegen zeigt an, bis wann ein Lebensmittel zu verbrauchen ist, zum Beispiel Fleisch. Wenn dieses Datum überschritten wurde, sollte man das Produkt unbedingt entsorgen, um gesundheitliche Risiken zu vermeiden.

Supermärkte, Discounter und Verbrauchermärkte (= klassischer Lebensmitteleinzelhandel) produzieren etwa 290 000 Tonnen Lebensmittelabfälle, Drogeriemärkte, Bäckereien, Fleischereien, Onlinehandel, Getränkemärkte, Wochenmärkte und Tankstellen etwa 210 000 Tonnen. Nicht mit inbegriffen sind Retouren, also Waren, die zurückgegeben und entsorgt werden. Karikative Einrichtungen erhalten etwa 128 000 Tonnen jährlich. Bei leicht verderblichen Lebensmitteln wie Brot kommt es bei ca. 6 % zu einer Entsorgung, bei Obst und Gemüse etwa bei 4,3 %. Getränke und Tiefkühlkost werden zu 0,3 % entsorgt.[33] Dabei hat der Einzelhandel viele Möglichkeiten, seine Lebensmittelabfälle zu verringern. Dazu zählt auch zum

Beispiel eine Optimierung der Lieferketten (u. a. Schnelligkeit, richtige Temperaturen): Jeder Tag, der in der Lieferkette gespart wird, bedeutet, dass sich die Frist bis zum MHD, wenn das Lebensmittel im Handel angekommen ist, um einen Tag verlängert. Konsument:innen in Lebensmittelgeschäften bleibt oft nichts anderes übrig, als mehr Obst und Gemüse zu kaufen, als sie brauchen, weil das jeweilige Obst oder Gemüse in einer vom Handel definierten Menge verpackt ist. Hier wäre es sinnvoll, dass der Einzelhandel sein Sortiment an losem Obst und Gemüse ausweitet, sodass Verbraucher:innen das kaufen können, was sie auch wirklich benötigen – Unverpacktläden sind hier großartige Beispiele. Neben Lebensmittelmüll wird dort obendrein auch noch Verpackungsmüll eingespart.[34]

Und zu guter Letzt: Jeder und jede Einzelne kann für sich Lebensmittel sparen.

Das heißt also: Wenn wir kein Essen mehr wegwerfen würden, müsste niemand auf der Welt mehr hungern (vorausgesetzt, die Lebensmittel kämen an die Orte, an denen sie gebraucht werden), und wir hätten dennoch genügend Essen übrig. Wir können 250 Kubikkilometer Wasser sparen, was etwa viermal so viel ist, wie die USA in einem Jahr an Wasser verbraucht. Wir bräuchten auch weniger als ein Drittel Fläche für die Landwirtschaft, was bedeutet, dass wir das freigewordene Land für den Aufbau von Wäldern nutzen könnten. Außerdem hätten wir mehr Geld, ca. 750 Milliarden US-Dollar, was in soziale Projekte und in Bildung investiert werden könnte.[35]

#machsnachhaltig

TIPPS GEGEN LEBENS-MITTELVERSCHWENDUNG

Gemeinsam mit den Vereinigten Nationen hat sich Deutschland dazu verpflichtet, die Lebensmittelverschwendung bis 2030 zu halbieren. Die Verantwortung dafür liegt auch bei uns, da mehr als die Hälfte der Lebensmittelabfälle (6,1 Millionen Tonnen) in Privathaushalten anfällt. Wir können durch einen sparsameren, nachhaltigeren und bewussteren Umgang mit Lebensmitteln die Lebensmittelverschwendung reduzieren.

❶ Schreibe einen Wochenplan und Einkaufszettel

Diesen Tipp haben wir schon im Kapitel „Der Einkauf" vorgestellt. Tatsächlich sind Wochenplan und Einkaufszettel der Dreh- und Angelpunkt im Kampf gegen Lebensmittelverschwendung. Ein wöchentlicher Essensplan samt Einkaufszettel helfen dabei, nur die Lebensmittel zu kaufen, die benötigt werden. Denn ein geplanter Einkauf schützt vor Spontankäufen, was neben Lebensmitteln auch noch Geld spart.

❷ Kaufe Lebensmittel kurz vorm MHD

Wenn du weißt, dass du sie ohnehin in kurzer Zeit aufbrauchen wirst, dann schau mal, ob du reduzierte Lebensmittel im Geschäft findest, deren MHD bald ablaufen wird oder schon abgelaufen ist. Diese Lebensmittel landen auf dem Müll, wenn niemand sie kauft. Und wie bereits auf S. 53 erklärt, ist das MHD nur ein Richtwert. Du kannst so auch noch bares Geld sparen.

❸ Lagere deine Lebensmittel richtig

Die richtige Lagerung von Lebensmitteln verlängert die Haltbarkeit und schützt somit vor Verschwendung. Manche Lebensmittel gehören in den Kühlschrank, andere nicht. Die richtige Lagerung ist demnach sehr wichtig für einen vernünftigen Umgang mit Lebensmitteln. Ausführlich erklären wir dieses Thema ab S. 56.

④ Verlasse dich auf deine Sinne

Grundsätzlich gilt: Ein Loch in der Verpackung lässt Sauerstoff, Keime und Feuchtigkeit hinein, daher kann der Inhalt schneller verderben. **Doch bevor du das betroffene Lebensmittel wegschmeißt, nutze deine Sinne:** Öffne das Produkt, rieche daran und schmecke es, schaue es dir an. Durch Nutzen unserer Sinne können wir viele Lebensmittel vor dem Müll retten.

⑤ Brauche deinen Vorrat jede Woche auf

Oft lagern zu viele Lebensmittel in den Schränken, die nicht aufgebraucht und dann weggeworfen werden. Es reicht, einen Grundstock an Lebensmitteln in passender Menge zu Hause zu haben (siehe dazu den Vorschlag ab S. 29). Wenn du dann einen Zettel in die Küche hängst und direkt das ausgehende oder aufgebrauchte Lebensmittel einträgst, um mit diesem Zettel deinen nächsten Einkauf zu erledigen, hast du immer die Lebensmittel zu Hause, die du auch verwendest.

⑥ Verwerte so viel wie möglich

Viele Lebensmittelreste lassen sich gut verwerten. Hier kann man bei der Planung der Speisen den ersten Grundstock legen, das heißt so planen, dass Reste, wie zum Beispiel Kartoffeln, am nächsten Tag in einem neuen Gericht weiterverarbeitet werden können. Je mehr Lebensmittel sich in der Planung überschneiden, desto mehr können am nächsten Tag verwertet werden. Selbst vermeintliche Abfälle wie Möhrengrün, Kohlrabi- oder Radieschenblätter lassen sich prima verwerten, beispielsweise für Pesto, und überreifes Gemüse kann man wunderbar zu Smoothies verarbeiten. Dem Thema Resteverwertung widmen wir uns ab S. 70.

⑦ Teile deine Lebensmittel mit anderen

Manchmal kommt es doch dazu, dass man es nicht mehr schafft, seine Lebensmittel aufzubrauchen. Dann macht es Sinn, sie im Freundes- und Familienkreis oder in der Nachbarschaft zu verschenken. Mittlerweile gibt es auch regionale  Foodsharing-Gruppen. Aber auch Tafeln freuen sich über Spenden. Initiativen findest du auf über den nebenstehenden QR-Code.

> Übrigens: Solltest du einmal nicht wissen, wie groß dein Hunger wirklich ist, nimm oder bestelle dir kleinere Portionen. Du kannst dann immer noch nachnehmen bzw. -bestellen. So entfällt die Gefahr, dass Speisen weggeworfen werden müssen, weil man sie nicht aufessen kann, aber blöderweise schon auf dem Teller hat.

⑧ Mache deine Lebensmittel haltbar

Einkochen rettet Obst und Gemüse vor der Tonne. Eine wunderbare Möglichkeit, sie zu retten, oder? Außerdem lassen sich so auch kleine Geschenke herstellen, zum Beispiel leckere Marmeladen. Wir haben im letzten Jahr damit begonnen, unsere Lebensmittel einzukochen oder einzufrieren. Es gibt da aber verschiedene Möglichkeiten, wie du ab S. 64 nachlesen kannst. Wir können diese Lebensmittel dann bei Bedarf nutzen und haben immer „Fast Food" zu Hause, falls es mal schnell gehen muss.

LEBENSMITTEL RICHTIG AUFBEWAHREN

Nicht alle Lebensmittel mögen es im selben Maße kalt, warm, trocken oder feucht. Lagert man ein Lebensmittel falsch, lässt der Geschmack nach oder die Haltbarkeit verringert sich. Wird es hingegen richtig aufbewahrt, bleibt es länger frisch und haltbar.

Lebensmittel richtig kühlen

Die meisten frischen Lebensmittel gehören nach dem Einkauf in den Kühlschrank. Aber geht es dir auch so, dass du beim Öffnen des Kühlschranks manchmal gar nicht so genau weißt, welches der Jogurts schon älter ist und welches noch jünger? Oft ist es gar nicht so einfach, da den Überblick zu behalten. Hast du in diesem Zusammenhang schonmal vom FiFo-Prinzip gehört? Das bedeutet „First in, first out": Also neue Lebensmittel nach hinten, ältere Lebensmittel nach vorne.

Bei Lebensmitteln, die gekühlt werden müssen, ist eine durchgehende Kühlkette sehr wichtig, da sich Keime bei Wärme schnell vermehren. Für den Transport eignen sich spezielle Kühltaschen. Beim Einkauf sollten, wenn möglich, leicht verderbliche Produkte oder Tiefkühlware als letztes in den Einkaufswagen gelangen.

Die meisten Kühlschranke haben mehrere Temperaturzonen. Ganz unten ist das Gemüsefach. Dort herrschen Temperaturen von etwa 9 °C. Bei allen Fächern darüber gilt: Je höher, desto wärmer. Das heißt: Das unterste Fach über dem Gemüsefach hat die kühlsten Temperaturen. Damit Lebensmittel möglichst lange frisch bleiben und unter idealen Bedingungen lagern, sollten sie immer in das richtige Fach eingeräumt werden.

Oberes Fach: ca. 8 °C für gut haltbare Lebensmittel wie zubereitete Speisen, Marmeladen, Soßen, Hartkäse, veganen Aufstrich, eingelegte Oliven, Gurken.

Mittleres Fach: ca. 5 °C für vegetarische Produkte, Milchprodukte aller Art und Eier.

Unterstes Fach über dem Gemüsefach: ca. 2 °C für schnell verderbliche Lebensmittel.

Gemüsefach: ca. 9 °C für empfindliches Obst und Gemüse wie Äpfel, Birnen, Salate, Blumenkohl etc.

Kühlschranktür: 9–11 °C für Eier, Marmeladen, Soßen, Butter, Margarine, Dosen, Ketchup, Säfte, Milch.

Die Temperaturen sind als Beispiele zu verstehen und abhängig von den Einstellungen, vom Kühlschranktyp und vom Hersteller. Mehrzonenkühlschränke verfügen über eine Kaltlagerzone mit Temperaturen zwischen 0 und 2 °C. Die Vorteile liegen zum einen in der Möglichkeit, die Luftfeuchtigkeit zu regulieren, zum anderen darin, dass leicht verderbliche Lebensmittel wie Milch oder Gemüse darin bis zu drei Tage länger frisch bleiben.

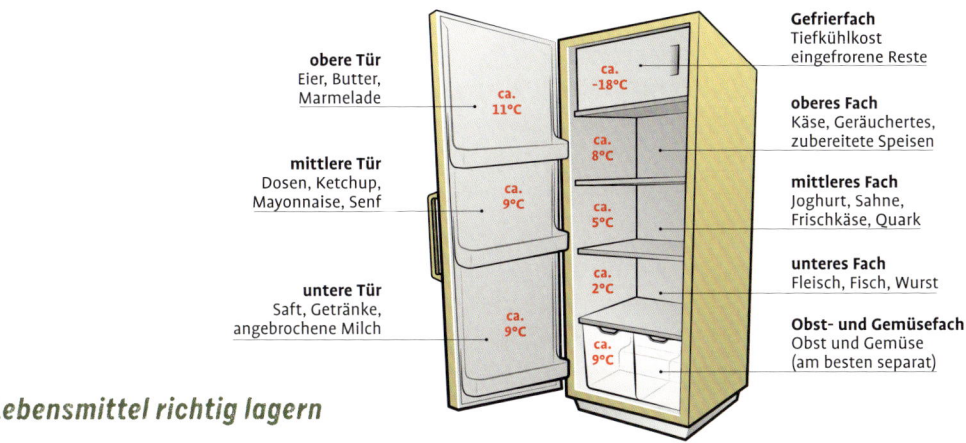

obere Tür
Eier, Butter, Marmelade

ca. 11°C

mittlere Tür
Dosen, Ketchup, Mayonnaise, Senf

ca. 9°C

untere Tür
Saft, Getränke, angebrochene Milch

ca. 9°C

ca. -18°C

ca. 8°C

ca. 5°C

ca. 2°C

ca. 9°C

Gefrierfach
Tiefkühlkost
eingefrorene Reste

oberes Fach
Käse, Geräuchertes, zubereitete Speisen

mittleres Fach
Joghurt, Sahne, Frischkäse, Quark

unteres Fach
Fleisch, Fisch, Wurst

Obst- und Gemüsefach
Obst und Gemüse
(am besten separat)

Lebensmittel richtig lagern

Milchprodukte

Milchprodukte gehören in den Kühlschrank. Es gilt: Am besten bleiben Milchprodukte original-verpackt und gut verschlossen im mittleren Fach des Kühlschranks frisch.

Käse mag es nicht besonders kalt, weshalb das mittlere Fach optimal ist. Käsescheiben und Frischkäse sind etwa eine Woche haltbar, Käse am Stück etwa zwei bis drei Wochen. Achte dabei aber auf die richtige Aufbewahrung, damit der Käse saftig und lecker bleibt. Wickelt man zum Beispiel Parmesan in ein Leinentuch, bleibt er etwas länger haltbar. Etwas weißlicher Schimmel kann bedenkenlos abgeschnitten werden. Der Käse muss nicht sofort weggeworfen werden.

Milch wird mit unterschiedlichen Verfahren haltbar gemacht. Sie wird zum Beispiel wärmebehandelt; Sauermilchprodukte wie Joghurt oder Buttermilch werden fermentiert (Bakterien und Pilze säuern die Milch und machen sie dadurch haltbarer); Schmelzkäse wird hingegen mit Kon-

servierungsstoffen versetzt. Entscheidend für die Haltbarkeit ist der Grad der Wärmebehandlung:

Milch	Behandlung	Haltbarkeit
H-Milch	ultrahoch erhitzt	ungeöffnet ca. 8 Wochen (auch un-gekühlt), geöffnet 2–3 Tage
Frisch-milch	pasteurisiert	gekühlt bis zu 6 Tage, geöffnet 2–3 Tage
Voll-milch	unbehandelt, nicht erhitzt	kurze Haltbarkeit, geöffnet 2–3 Tage

Brot und Backwaren

Brot trocknet relativ schnell aus und mag keine feuchte Umgebung, weil es sonst schnell schimmelt, daher muss es gut geschützt werden. Dafür eignen sich Brotkästen, Tontöpfe mit Deckel oder Papiertüten/Stoffbeutel. In Kunststofftüten wird Brot schnell weich und verliert die knusprige Konsistenz.

Schnittbrot setzt übrigens schneller Schimmel an als Brot am Stück. Auch sollte die Aufbewahrungsbox immer von Krümeln befreit werden, da diese ebenfalls die Schimmelbildung fördern. Sollte es ausnahmsweise draußen zu warm und feucht sein, kann Brot – insbesondere Weißbrot – auch im Kühlschrank gelagert werden. Roggenbrot hingegen mag das nicht gerne: Es wird eher hart. Und natürlich kann Brot leicht eingefroren und später wieder aufgebacken oder getoastet werden.

Obst und Gemüse

Obst und Gemüse versorgen uns mit wichtigen und gesunden Vitaminen, Nährstoffen, Mineralstoffen, Ballaststoffen und sekundären Pflanzstoffen. Durch eine falsche Lagerung werden Nährstoffe teilweise bis ganz zerstört, und die Lebensmittel vergammeln schneller. Beispielsweise verliert zu warm gelagertes Gemüse nach zwei Tagen etwa 70 % seiner Vitamine. Im Internet kursieren unterschiedliche Temperaturangaben, weshalb wir an dieser Stelle darauf verzichten. Wichtig zu wissen ist, dass bestimmte Obst- und Gemüsesorten in den Kühlschrank gehören, andere nicht.

Lagerort	Gemüse
Kühlschrank	Blumenkohl, Bohnen, Brokkoli, Chicorée, Chinakohl, Endivien, Erbsen, Feldsalat, Grünkohl, Kohl, Kohlrabi, Kräuter, Mangold, Möhren, Pak Choi, Pastinake, Paprika, Pilze, Porree/Lauch, Radieschen, Rettich, Rosenkohl, Rote Bete, Salate, Schwarzwurzeln, Sellerie, Spargel, Spinat, Steckrüben, Topinambur, Wirsing, Zuckerhut, Zuckermais
nicht im Kühlschrank	Aubergine, Avocado, Basilikum, Gurken, Avocado, Kartoffeln, Knoblauch, Kürbis, Süßkartoffeln, Tomaten, Zucchini, Zwiebeln

Lagerzeit	Gemüse
1–2 Tage	Erbsen
3–5 Tage	Aubergine, Avocado, Basilikum, Bohne, Brokkoli, Feldsalat, Grünkohl, Gurke, Kräuter, Mangold, Pak Choi, Paprika, Pilze, Radieschen, Rosenkohl, Salat, Spinat, Tomate, Topinambur, Zucchini, Zuckermais
5–7 Tage	Kohlrabi, Rettich, Rote Bete, Schwarzwurzel, Spinat
über 7 Tage	Blumenkohl, Chicorée, Chinakohl, Kohl, Möhre, Pastinake, Porree/Lauch, Sellerie, Wirsing
über 2 Wochen	Endivien, Süßkartoffel
mehrere Wochen/ Monate	Kartoffel, Knoblauch, Kürbis, Steckrübe, Zuckerhut, Zwiebel

Schwieriger wird es beim Obst. Manche Obstsorten reagieren empfindlich auf Kälte, andere bewahren ihre Frische und Vitamine nur gut gekühlt. Heimisches Obst wie Äpfel oder Zwetschgen können gut kühl gelagert werden, Äpfel müssen aber nicht in den Kühlschrank. Exotisches Obst wie Mango oder Bananen gehört nicht in den Kühlschrank – Ausnahme: Feigen und Kiwis.

> Nicht in den Kühlschrank gehören: empfindliche Südfrüchte, Gemüsearten mit hohem Wasseranteil – eigentlich leicht zu merken.

Grundsätzlich sollten Obst und Gemüse getrennt gelagert werden. Denn manche Obst- und Gemüsesorten entwickeln nach einiger Zeit das Reifegas Ethylen. Dadurch altert nahe liegendes anderes Obst und Gemüse schneller. So sollten Äpfel, Aprikosen, Avocados, Bananen, Birnen, Kiwi, Mango, Nektarien, Pfirsiche, Pflaumen und Tomaten getrennt von anderen Obstarten aufbewahrt werden.

Lagerort	Obst
Kühlschrank	Aprikose, Birne, Erdbeere, Feige, Heidelbeere, Kirsche, Kiwi, Mandarine, Nektarine, Pfirsich, Pflaume, Rhabarber, Zwetschge
nicht im Kühlschrank	Apfel, Ananas, Banane, Feige zur Nachreifung, Grapefruit, Mango, Melone, Orange, Papaya, Zitrone

Lagerzeit	Obst
1–2 Tage	Aprikose, Birne, Erdbeere, Feige
3–5 Tage	Ananas, Mango, Melone, Nektarine, Papaya, Pfirsich, Pflaume
5–7 Tage	Banane, Grapefruit, Mandarine, Orange, Rhabarber, Zitrone, Zwetschge
über 7 Tage	Heidelbeere, Kiwi
mehrere Wochen/ Monate	Apfel

ÜBER DEN QR-CODE KANNST DU DIR DIE VIER TABELLEN AUCH ALS PDF AUF DEIN SMARTPHONE LADEN. OB DORT ODER AUSGEDRUCKT: GRIFFBEREIT IST IMMER GUT. AUSSERDEM FINDEST DU DIE TABELLE AUCH AUF DER ULMER-HOMEPAGE: WWW.ULMER.DE/KUECHE-OHNE-SCHNICKSCHNACK.

Hier noch ein paar weitere Basics rund um Obst & Gemüse:

1. Möhren, Kohlrabi, Radieschen und Fenchel halten länger, wenn das Grünzeug zuvor entfernt wird. Dieses lässt sich kleingehackt wunderbar als Würzmittel verwenden – so entsteht zudem kein Müll. Am längsten bleiben die Würzmittel frisch, wenn sie eingefroren werden.

2. Reifes Obst und Gemüse hat den höchsten Vitamingehalt und schmeckt am besten. Indikatoren für Reife sind Geruch und Aussehen.

3. Steinobst wie Kirschen, Pfirsiche, Aprikosen und Nektarien wird am besten im unteren Kühlschrankfach aufbewahrt. Haltbar ist es dann drei bis vier Tage. Um den bestmöglichen Geschmack zu erzielen, sollte man die Früchte ca. ein bis zwei Stunden vor dem Verzehr aus dem Kühlschrank holen. Um Druckstellen zu vermeiden, legt man Obst und Gemüse am besten auf eine flache Schale oder einen Teller, stapelt es also nicht.

4. Pfirsiche, Nektarien und Aprikosen sollten erst kurz vor dem Verzehr gewaschen werden, da ansonsten zu viel Feuchtigkeit entsteht und sie schneller verderben.

5. Ungewaschen hält sich Obst und Gemüse länger, weil die anhaftende Erde wie ein Verdunstungsschutz wirkt.

6. Beerenfrüchte sollten innerhalb von ein bis zwei Tagen verzehrt werden, weil sie sehr empfindlich sind.

7. An Druckstellen ist der Vitamingehalt niedriger. Man kann sie einfach rausschneiden und den Rest problemlos genießen.

8. Äpfel sind in einer verschlossenen Tüte lange haltbar.

9. Mandarinen sind außerhalb des Kühlschranks nur kurz haltbar. Im Kühlschrank kann man die Haltbarkeit um drei Tage verlängern, sie verlieren aber an Geschmack.

10. Grapefruit wird bei der Lagerung außerhalb des Kühlschranks süßer im Geschmack. Für ca. zwei Monate kann Grapefruit im Kühlschrank bei 8–13 °C gelagert werden.

11. Mangos reifen gut in einer Tüte zusammen mit Äpfeln nach.

12. Orangen sollten nicht in einem warmen und schlecht belüfteten Raum gelagert werden, weil sie dort schnell schimmeln können. Im Kühlschrank halten sie wesentlich länger, verlieren aber ihre Süße, und auch die Optik leidet.

13. Zitronen sollten am besten frisch verarbeitet werden, weil die Inhaltsstoffe dadurch länger haltbar sind: Presse den Saft aus und stelle ihn gut verschlossen in den Kühlschrank. Reibe außerdem die Schalen und stelle diese vermischt mit Zucker in einem Glas ebenfalls in den Kühlschrank.

Wusstest Du, dass gekauftes Tiefkühlobst und -gemüse oft mehr Nährstoffe enthält als frisches Obst und Gemüse, das schon einige Tage liegt? Bei Transport und Lagerung gehen nämlich schon viele wichtige Vitamine und Nährstoffe verloren. Zudem sind sie gerade in Herbst- und Wintermonaten nicht mit Bakterien und Viren kontaminiert, wie frisches Obst und Gemüse.

Teigwaren

Frische Teigwaren wie Nudeln, Gnocchi oder Spätzle sind sehr anfällig für Keime. Wenn sie gut gekühlt werden, halten sie im Kühlschrank etwa drei bis vier Tage.

Nudeln sollten grundsätzlich nur so lange gekocht werden, bis sie bissfest sind – so sind sie länger haltbar als weichgekocht. Nudelreste sollten nach dem Kochen etwa zwei bis drei Stunden auskühlen, damit sich kein Schwitzwasser bildet und sie nicht matschig werden. Wenn man die Nudeln kurz mit kaltem Wasser abschreckt, verkleben sie nicht zu Klumpen. Im obersten Kühlschrankfach aufbewahrt, sind sie für etwa ein bis zwei Tage haltbar. In geschlossenen Behältern bleiben sie auch weich. Getrocknete Nudeln halten sich meist ein Jahr. Dafür muss die Verpackung oder das Behältnis aber gut verschlossen und die Raumluft trocken sein. Genau wie andere Trockenwaren (zum Beispiel Mehl, Müsli, Tee) sind sie besonders anfällig für Schädlinge wie beispielsweise Motten.

Die richtige Hygiene im Umgang mit Lebensmitteln

Um die maximale Haltbarkeit zu erreichen, ist – neben der richtigen Lagerung und Kühlung – auch die richtige Hygiene notwendig, und das bereits im Supermarkt. Zuerst sollte man darauf achten, möglichst Unversehrtes auszuwählen – das gilt für die Verpackung genauso wie für lose Lebensmittel.

Beim Einkauf kommen die Hände natürlich mit vielen Keimen in Berührung. Daher ist es wichtig, sich vor dem Einsortieren der Lebensmittel zu Hause die Hände zu waschen. Der Lagerort selbst muss natürlich sauber sein. Vorratsschränke und Kühlschränke sollten regelmäßig gereinigt werden. Gerade im Kühlschrank herrscht eine große Keimgefahr. Zum Reinigen reicht Wasser mit herkömmlichem Reinigungsmittel. Essigessenz beugt Schimmelbefall vor.

FEATURE

WARUM IST BIOGEMÜSE IN PLASTIK VERPACKT?

Obst und Gemüse sind oft in Plastik eingepackt. Wir dachten früher, bei Biogemüse sei das anders, doch da haben wir falsch gedacht. Aber warum ist das so, obwohl doch alle wissen, wie schlecht Plastik für die Umwelt ist?

Erstens geht es um **Unterscheidung und Kennzeichnung**. Bioprodukte müssen sich eindeutig vom konventionellen Obst und Gemüse unterscheiden lassen, weshalb sie gekennzeichnet werden müssen – und das geht oft nur auf der Verpackung. Bioprodukte müssen zudem mit einem Code versehen sein, der auf die zuständige Öko-Kontrollstelle schließen lässt. Die Öko-Kontrollstelle hat das Produkt bzw. das verarbeitende Unternehmen geprüft. Aufgebaut sind diese Codes EU-weit nach einheitlichem Muster. Bei-

spiel: DE-ÖKO-010. DE steht für Deutschland, ÖKO und die Zahl 010 für die Kontrollstelle.[36] Bei loser Ware können Verbraucher:innen im Geschäft nach der sonst aufgedruckten Nummer fragen.

Zweitens geht es um einen **Schutz vor Kontaminationen**, denn Bioprodukte dürfen nicht mit Pestizid-Rückständen von konventionellen Produkten in Berührung kommen.

Händler beziehen Bioprodukte häufig nicht von einem Verkäufer vor Ort, weshalb die Produkte oft einen weiten Weg haben. Da sie einige Stellen durchlaufen, bevor sie im Supermarkt ankommen, soll die Plastikverpackung sie, drittens, **vor Beschädigung schützen**.

Auch weil das konventionelle Obst und Gemüse immer noch den weitaus größeren Teil des Sortiments ausmacht, ist es für die Supermärkte günstiger, die mengenmäßig weniger vertretenen Bioprodukte in Plastik zu verpacken.[37]

Bio zu kaufen bedeutet also nicht gleich, auch Müll zu sparen. Wir sind der Meinung, dass es die optimale Verpackung derzeit noch nicht gibt. Um möglichst viel Verpackungsmüll zu sparen, sollte man in Unverpacktläden, auf dem Wochenmarkt oder in Hofläden oder beim Biobauern einkaufen. Doch langsam kommt Bewegung in die Sache, da der Einzelhandel die von Verbrauchern geäußerte Kritik aufgenommen hat: Seit 2013 dürfen die Kennzeichnungen in der EU mit einem Laserstrahl auf der natürlichen Schale aufgebracht werden (sog. „Natural Labeling" bzw. „Natural Branding"). Geeignet dafür ist Obst und Gemü-

se mir harter Schale, wie Avocados, Mango oder Süßkartoffeln.[38] Die anderen Probleme, die eine Verpackung notwendig machen, sind damit aber nicht gelöst.

Übrigens: Die Deutsche Umwelthilfe hat in den Supermärkten einen großen Verpackungscheck durchgeführt. Viele Supermärkte und Discounter haben Nachholbedarf, was Verpackungen, Einwegplastik und Abfüllung in Mehrwegbehältnisse angeht. Den ganzen Check findest du unter dem nebenstehenden QR-Code.

VORRÄTE ANLEGEN

Einfrieren

Bei niedrigen Temperaturen können sich Keime nicht so schnell vermehren. Die einfachste Methode, um Vorräte anzulegen und Lebensmittel haltbar zu machen, ist daher das Einfrieren. Wichtig ist, dass trotzdem auf Hygiene geachtet wird, denn auch bei niedrigen Temperaturen können sich noch Keime ansiedeln. Eingefrorene Lebensmittel sollten daher auch immer erst im Kühlschrank aufgetaut werden. Das Produkt sollte dabei nicht mit dem Abtauwasser in Berührung kommen.

Auch wenn etwas schon einmal eingefroren war und aufgetaut wurde, kann es bei richtiger Hygiene noch einmal eingefroren werden: Langsam und hygienisch im Kühlschrank auftauen, ungenutzte Reste direkt wieder ins Gefrierfach geben und das Entnommene gründlich erhitzen. Aber ohnehin ist es besser, Lebensmittel portionsweise einzufrieren, weil man so einerseits immer die richtige Menge auftauen kann und andererseits Energie spart.

Es gibt neben Plastikbeuteln und Plastikschalen – je nach einzufrierendem Produkt – verschiedene Möglichkeiten: alte Schraub- und Einmachgläser, Stoffbeutel und Eiswürfelformen aus Metall. Das Tolle daran ist: Alte Schraub- und Einmachgläser fallen im Haushalt immer wieder an: die kann man schön sammeln. Stoffbeutel hingegen kann man leicht selber nähen.

Plastikfrei einfrieren in Gläsern

Zum Einfrieren eignen sich eher größere Gläser (zum Beispiel Gurkengläser). Diese sollten nur etwa bis zu 3/4 gefüllt werden, da sich Eingefrorenes noch etwas ausdehnt und man so die Gefahr des Glasbruches minimiert. Außerdem muss der Deckel zunächst weggelassen oder nur locker draufgelegt werden. Erst wenn das Produkt gefroren ist, kann das Glas mit dem Deckel verschlossen werden.

Damit Gemüsestücke oder Beeren nicht zusammenkleben, kann man die Stücke zuvor auf einem Tablett kurz in das Tiefkühlfach stellen. So kann man sie schon gefroren ins Glas legen und sie frieren nicht aneinander fest.

Plastikfrei einfrieren in Stoffbeuteln

Brot und Brötchen lassen sich gut in Stoffbeuteln einfrieren und portionsweise entnehmen. Brot lässt sich aber auch gut im Stück in Baumwollhandtücher einwickeln und einfrieren. Der Beutel muss vor dem Einfrieren gut verschlossen bzw. das Brot gut eingewickelt sein. Soll das Brot allerdings für längere Zeit eingefroren bleiben, ist diese Methode eher nicht so gut geeignet – aber wenn es nur um ein einige Tage geht, ist sie prima.

Plastikfrei einfrieren in Eiswürfelformen

Frische Kräuter und Gewürze lassen sich hervorragend in kleinen Portionen einfrieren. Einfach die Kräuter kleinhacken und mit etwas Wasser in die Edelstahlform für Eiswürfel geben und in das Gefrierfach legen. So lassen sich die Kräuter gut portionsweise entnehmen. Allerdings verlieren zum Beispiel Basilikum, Dill, Anis, Paprika und Pfeffer beim Einfrieren ihr Aroma.

Gekochte Reste einfrieren

Gekochte Reste halten sich etwa drei bis sechs Monate, wenn sie luftdicht verpackt gefroren wurden. Am besten schreibt man das Einfrierdatum mit auf den Deckel, damit man nicht den Überblick verliert. Aber nicht alle Lebensmittel sind gleich gut zum Einfrieren geeignet und so lange haltbar. Nicht eingefroren werden können zum Beispiel pürierte Gemüsesorten, wie beispielsweise Kartoffelbrei. Nudeln können ebenfalls nicht eingefroren werden. Salat einzufrieren ist auch keine gute Idee, da er matschig wird. Das Bundeszentrum für  Ernährung hat eine Liste mit Empfehlungen für die Lagerdauer herausgegeben. Du findest sie über den nebenstehenden QR-Code.

Einkochen

Einkochen, einmachen, einwecken: Alle diese Begriffe meinen das Gleiche. Beim Einkochen werden mit Obst, Gemüse oder auch Fleisch gefüllte Gläser für eine gewisse Zeit erhitzt. Zeit und Temperatur unterscheiden sich je nach Lebensmittel. Die Hitze tötet einerseits Keime ab, andererseits dehnt sich die Luft im Glas aus. Beim Abkühlen funktioniert der Deckel dann wie ein Ventil: Es gelangt zwar Luft nach außen, aber nicht von außen zurück ins Glas. Der Deckel zieht sich ein, und man hört oft ein „Plopp". Auf diese Weise entsteht im Glas ein Vakuum. Keime können sich dadurch nicht mehr vermehren. Das ist sehr wichtig, da Lebensmittel sonst schnell faul und ungenießbar werden. Wenn die Deckel sich nicht eindrücken lässt, ist das Vakuum perfekt.

Einkochen ist eine tolle Methode, um Lebensmittel lange haltbar zu machen. Wichtig hierfür ist, dass nur frische und einwandfreie Lebensmittel genutzt werden. Obst und Gemüse können roh eingekocht oder Gemüse zuvor auch blanchiert werden.

Doch beachte: Heißes Abfüllen in Gläser ist kein Einkochen. Keime werden dadurch nicht getötet, und die Lebensmittel bleiben leicht verderblich. Beim Abfüllen brodelnd heißer Speisen entsteht durch den Temperaturunterschied zwar ein Vakuum, aber richtig konserviert werden Lebensmittel nur entweder durch das anschließende Einkochen, oder wenn ein hoher Zucker- und Säuregehalt mit ins Spiel kommt, wie bei Marmelade und Ketchup. Zucker und Säure wirken nämlich konservierend, weshalb mit ihnen auf das Einkochen verzichtet werden kann. Apfelmus beispielsweise hält sich auch ohne Einkochen für ein paar Wochen. Alle anderen Lebensmittel müssen eingekocht und damit sterilisiert werden, um länger haltbar zu sein. Ein Vakuum alleine sagt nichts darüber aus, ob etwas sicher eingekocht wurde.

Was kann man einkochen und was nicht?

Es können alle Obstarten und fast jedes Gemüse, Eintöpfe und Suppen eingekocht werden. Fleisch geht auch, aber da wir Vegetarier sind, werden wir darauf nicht eingehen, weil wir keine Erfahrungen darin haben. Außerdem ist Fleisch schwierig einzukochen, weshalb das Anfängern ohnehin nicht zu empfehlen ist. Zum Thema findet sich jedoch einiges in anderen Büchern oder im Internet.

Folgendes ist noch wichtig: Die einzukochenden Lebensmittel dürfen nicht mit Mehl angedickt worden sein, weil das Mehl dazu führt, dass sie im Glas verderben würden. Gewürze sollten ebenfalls weggelassen werden. Das heißt: die Speisen erst nach dem Öffnen des Glases, also direkt vor dem Verzehr, andicken und würzen. Zwiebeln müssen vor dem Einkochen angebraten werden.

Zum Einkochen geeignetes Gemüse	Zum Einkochen geeignetes Obst
Aubergine	Apfel
Blumenkohl	Aprikose
Bohne	Birne
Champignon	Erdbeere
Chilischote	Feige
Chinakohl	Kirsche
Cocktailtomate	Pfirsich
Erbse	Pflaume
Knoblauch	Quitte
Kürbis	
Mais	
Möhre	
Olive	
Paprika	
Pilze	
Rote Bete	
Zucchini	
Zwiebel	

Welche Gläser sind geeignet?

Es eignen sich alte Schraubgläser mit Deckel (auf Plopp-Effekt achten) sowie Einkochgläser ohne Beschädigungen. Richtige Einkochgläser haben eine dickere Glaswand, Schraubgläser sind dünner. Wir nutzen trotzdem alte Schraubgläser, weil sie sowieso im Haushalt anfallen und mit dem Einkochen weitergenutzt werden können. Der „Plopp-Effekt" ist bei den Schraubgläsern deshalb wichtig, weil man darüber erkennen kann, ob der Inhalt noch gut ist oder nicht.

Grundsätzlich ist es gut, einen Vorrat an unterschiedlich großen Gläsern zu haben, damit man für seine Portionen immer die richtige Größe parat hat.

Einkochautomat oder Topf?

Ob ein Einkochautomat oder ein Topf genutzt wird, ist abhängig von der Menge und vom persönlichen Gusto. Einkochautomaten haben den entscheidenden Vorteil, dass sie einerseits ein großes Fassungsvermögen haben, andererseits ein integriertes Thermometer, und dass sie die Temperatur selbst regeln.

Sonstiges Zubehör

Zum Einfüllen nutzen wir eine Schöpfkelle oder einen Löffel mitsamt Trichter. Da es immer wieder zu Kleckereien kommt, haben wir auch immer ein Handtuch griffbereit. Das Herausnehmen der Gläser kann ziemlich schwierig und gefährlich werden, weil man sich dabei schnell die Finger verbrennt – diese Erfahrung mussten wir leidlich machen. Daher ist ein Glasheber oder ein anderes Instrument, um die Gläser sicher aus dem heißen Wasser herauszuheben, sehr sinnvoll.

Vorbereitung

Sämtliche Utensilien müssen zuvor gründlich gereinigt werden. Man muss alle Gläser mitsamt Schöpfkelle und Trichter anschließend auskochen/sterilisieren, um mögliche Keime zu beseitigen. Wir machen das in einem Einkochautomaten, weil er groß ist und viele Gläser gleichzeitig hineinpassen. Anschließend werden die Gläser und sonstigen Utensilien auf ein sauberes Handtuch zur Seite gestellt. Wichtig ist, dass man die Gummiringe der Deckel vorher herausnimmt. Sie werden für fünf bis zehn Minuten in Essigwasser sterilisiert.

Anleitung: richtig einkochen

Je nach Gemüse und Rezept werden die Lebensmittel entweder vorgekocht oder roh in die Gläser gefüllt. Beim Einfüllen muss man etwa zwei bis drei Zentimeter Platz bis zum Rand des Glases lassen. Sollten Spritzer auf dem Glasrand landen, müssen diese immer entfernt werden, da sich die Gläser sonst nicht richtig schließen lassen. Das geschlossene Glas wird anschließend in den Kochtopf oder Einkochautomaten gestellt und zu mindestens ¾ mit Wasser bedeckt. Stapeln kann man sie auch, wenn gewährleistet ist, dass die obersten Gläser dann immer noch zu ¾ bedeckt sind. Wie lange und bei welcher Temperatur die Lebensmittel gekocht werden, ist unterschiedlich. Es gibt im Internet gute Tabellen, in denen du  die Zeiten und Temperaturen nachlesen kannst (siehe das Beispiel im QR-Code). Aber auch in Einkochbüchern steht alles beschrieben.

Nach dem Einkochen werden die Gläser zum Abkühlen auf ein sauberes und frisches Geschirrtuch gestellt. Bei Schraubgläsern lässt sich am Deckel erkennen, ob ein Vakuum entstanden und das Einkochen gelungen ist.

Besonderheiten beim Einkochen im Topf

Wer keinen Einkochtopf zu Hause hat oder das Einkochen vielleicht auch erst einmal ausprobieren möchte, sollte Folgendes beachten: Wichtig ist, dass der Topf die passende Größe hat, damit die Gläser nicht umfallen. Auch ein Geschirrtuch auf dem Topfboden hilft, das zu verhindern. Die Temperatur des Kochwassers muss hier mit einem Thermometer kontrolliert werden. Die Einkochzeit zählt ab dem Moment, wenn die im Rezept angegebene Einkochtemperatur erreicht ist. Wenn die Einkochzeit erreicht ist, wird der Topf vom Herd genommen. Entweder lässt man das Wasser abkühlen, oder man holt die Gläser mit einem entsprechenden Utensil heraus.

Besonderheiten beim Einkochen im Einkochautomaten

Ein Einkochautomat erreicht nur eine Temperatur von maximal 100 °C. Daher sollten Fleisch- und Gemüsegerichte, insbesondere Bohnen, innerhalb von ein bis zwei Tagen ein weiteres Mal eingekocht und vor dem Verzehr noch einmal aufgekocht werden.

WICHTIGE INFORMATION ZUM BOTULISMUS!

Botulismus kommt zwar selten vor, es ist aber wichtig, die Gefahr zu kennen! Es handelt sich um eine Lebensmittelvergiftung, die durch das Bakterium Clostridium botulinum ausgelöst wird. Das Bakterium bildet Sporen und Gifte. Das Gift wird inaktiviert, wenn Lebensmittel für mindestens fünf Minuten auf mindestens 80 °C erhitzt werden. Das Bakterium selbst und seine Sporen werden erst bei einer Temperatur von 120 °C in etwa drei Minuten abgetötet. Ob ein eingekochtes Lebensmittel mit dem Bakterium kontaminiert ist, ist nicht erkennbar. Das Lebensmittel riecht und schmeckt nicht anders und verändert sich nicht. Da Einkochautomaten nur eine Temperatur von 100 °C erreichen, sollten die Lebensmittel grundsätzlich innerhalb von ein bis zwei Tagen ein weiteres Mal aufgekocht werden. Die zweite Erhitzung zerstört evtl. erneut ausgekeimte Sporen. Eine Alternative sind Druck-Einkochkessel.[39]

Lagerung und Haltbarkeit

Sämtliche Gläser sollten mit dem Herstellungsdatum beschriftet und neue Gläser hinten ins Regal gestellt werden, damit immer die ältesten Gläser zuerst verbraucht werden. Eingekochte Lebensmittel bleiben, wenn sie kühl, trocken und lichtgeschützt gelagert werden, etwa ein Jahr haltbar. Lässt sich der Deckel eindrücken oder ist der Inhalt getrübt oder verfärbt, oder riecht er unnatürlich, sollte er entsorgt werden.

Einlegen

Einlegen ist eine einfache, schnelle und unkomplizierte Methode, um Lebensmittel kurzfristig – das heißt für zwei bis drei Wochen – haltbar zu machen, ohne sie zu kochen. Kleingeschnittene Lebensmittel werden in Gläser gefüllt und anschließend mit einer Flüssigkeit (Essigsud oder Salzwasser) übergossen. Obst und Gemüse muss vorher nicht geschält werden, aber natürlich gewaschen. Ebenso muss es knackig und frisch sein. Soll ein Lebensmittel aber für mehrere Monate haltbar bleiben, muss es eingekocht werden. Essig wirkt antibakteriell und eignet sich deshalb sehr gut zur Lebensmittelkonservierung. Besonders beliebt sind hochwertiger Apfelessig, Obstessig und Weißweinessig. Wichtig: Der Säureanteil muss bei mindestens 5 % liegen. Jodhaltiges Speisesalz sollte nicht verwendet werden, da dadurch das Gemüse an Biss verlieren kann. Stein- oder Meersalz eignen sich aber gut.

Anleitung: richtig einlegen

Im Internet findet man verschiedene Rezepte zum Einlegen mit Essig. Grundsätzlich gilt die Regel, dass zum Einlegen von einem Kilogramm Obst oder Gemüse etwa ein halber Liter Sud benötigt wird. Wir stellen hier eine Möglichkeit vor, die aber auch abgewandelt werden kann:

1. Gib 500 ml Wasser mit 250 ml Essig, 2 TL jodfreiem Salz und 2 TL Zucker in einen Topf.
2. Koche den Sud auf.
3. Gib die kleingeschnittenen Lebensmittel in ein sauberes und sterilisiertes Glas und übergieße den Inhalt mit dem Sud. Der Inhalt muss komplett bedeckt sein.
4. Verschließe das Glas und stelle es an einen kühlen Ort.

Man kann natürlich auch Kräuter und Gewürze hinzufügen. Das Gemüse nimmt das Aroma von Kräutern und Gewürzen beim Einlegen sehr stark an, daher sollte hier eher sparsam dosiert werden. Es eignen sich gut Pfefferkörner, Senfkörner, Fenchelsamen, Korianderkörner, Sternanis und mediterrane Kräuter wie Thymian, Majoran und Oregano. Da bist du in der Gestaltung aber ganz frei! Es gibt auch noch die Möglichkeit, Obst und Gemüse in Salzlake und Alkohol einzulegen. Von Einlegen in Öl hingegen raten wir persönlich ab, da die Gefahr des Botulismus hier relativ hoch ist (siehe den Kasten links).[40]

Lagerung und Haltbarkeit

Wenn man eingelegtes Obst und Gemüse nicht weiter einkocht, sind sie etwa zwei bis drei Wochen im Kühlschrank haltbar.

Um sie für Monate haltbar zu machen, kocht man die gut verschlossenen Gläser für einige Minuten im Wasserbad. Beim Abkühlen bildet sich, wie beim Einkochen, ein Vakuum, sodass der Inhalt dann luftdicht verschlossen ist. Abgekocht sollten die Gläser an einem eher dunklen, kühlen und trockenen Ort aufbewahrt werden. Nach etwa einem Monat Lagerung ist der Inhalt geschmacklich ausgereift und verzehrbar. Sobald ein Glas geöffnet wurde, muss der Inhalt innerhalb von ein bis zwei Wochen aufgebraucht werden.

Da eingekochte und eingelegte Lebensmittel auch bei Einhalten aller Regeln auch schneller verderben können, sollte der Inhalt vor dem Verzehr auf Geruch und Konsistenz kontrolliert werden.

RESTE VERWERTEN

Angeschnittenes Gemüse, angebrochene Lebensmittelpackungen, Speisen vom Vortag – der Kühlschrank ist voll, und wir fragen uns: Wohin mit den Resten? Eines ist dabei klar: Viele Lebensmittel gehören nicht in die Tonne, sondern lassen sich leicht kreativ weiterverarbeiten. Zuerst sollten Lebensmittel verarbeitet werden, die nicht mehr lange haltbar oder angebrochen sind oder die kleine Druckstellen oder Macken aufweisen. Insbesondere Gemüse kann man wunderbar zu Soßen, Eintöpfen oder Aufläufen verarbeiten.

Wenn Zutaten übrig bleiben, kann man auch einfach mehr kochen, auf Vorrat, und das Übrige dann in Portionen einfrieren oder einkochen. Insbesondere bei Eintöpfen und Suppen funktioniert das gut. Und praktisch ist es auch noch: für Tage, an denen es mal schnell gehen muss oder man keine Lust hat zu kochen.

Auch Reste aus dem Restaurant können gut eingepackt und mit nach Hause genommen werden. So hat man noch ein, zwei Tage später gut was zu essen.

Im Internet kann man sich wunderbar inspirieren lassen, wie man Lebensmittel weiterverwerten kann. Es gibt sogar Webseiten, auf denen man

seine Lebensmittelreste eingeben und sich Ideen holen kann (siehe das Beispiel im QR-Code). Eine super Idee!

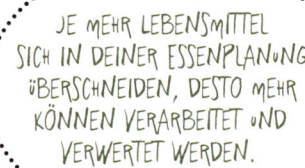

JE MEHR LEBENSMITTEL SICH IN DEINER ESSENPLANUNG ÜBERSCHNEIDEN, DESTO MEHR KÖNNEN VERARBEITET UND VERWERTET WERDEN.

Aber wir haben für dich hier auch ein paar Ideen:

Backwaren und Backzutaten

- Brot und Brötchen lassen sich gut einfrieren und auftauen.
- Aber auch im Toaster oder Backofen lässt sich altes Brot oft noch einmal ein bisschen auffrischen.
- Alte Brot- und Brötchenreste lassen sich gut zu Croûtons als Salatbeilage, Semmelknödel oder Semmelbrösel verarbeiten.
- Trockene Brotschreiben lassen sich noch für leckere Gerichte nutzen: In Verbindung mit Tomaten und Rucola kann man gut Bruschetta daraus zaubern, in Verbindung mit Käse und Ananasscheiben zu Toast Hawaii oder mit Ei und Milch zu Arme Ritter.
- Alte Schokolade (du kennst es von Weihnachten oder Ostern) lässt sich gut schmelzen, zum Beispiel, um Schoko-Crossies zu machen.
- Nüsse und Trockenobst lassen sich zu einem Brot verbacken.
- Spekulatius schmeckt auch als Brotaufstrich lecker.
- Aus Mandeln lässt sich veganer Parmesan herstellen.

Nudeln, Kartoffeln und Reis

- Aus Nudeln, Kartoffeln und Reis lassen sich zusammen mit Gemüse leckere Aufläufe kreieren.
- Kartoffelreste lassen sich gut zu Bratkartoffeln, Reibeplätzchen, Eintöpfen oder auch zu Aufläufen verarbeiten.
- Aber auch Chips lassen sich zu Hause aus Kartoffeln herstellen.
- Aus Reisresten kann man in Verbindung mit Obst und Joghurt einen leckeren Obstsalat zaubern.

Gemüse

- Gemüse lässt sich gut einfrieren und portionsweise entnehmen, aber auch zu einer Gemüsebrühe oder einer Gemüse-Würzpaste verarbeiten.
- Gemüsereste lassen sich auch gut in Aufläufen, Eintöpfen, Quiches, Ofengemüse oder Gemüsepfannen verwerten.
- Frühlingszwiebeln, Knoblauch und Salate mit Wurzelballen kann man noch einmal wachsen lassen. Bei Frühlingszwiebeln/Lauch einfach den unteren wurzeligen Teil ins Wasser stellen und zwei bis drei Wochen warten. Das Gemüse wird zwar nicht ganz so groß wie zuvor, aber immerhin. Wenn du Salat selber anpflanzt, kannst du einfach einzelne Salatblätter abschneiden und den Salat weiterwachsen lassen.
- Viele Blätter von Wurzelgemüse und Kohlsorten sind essbar. Man kann sie u. a. zu Pesto oder Brotaufstrich weiterverarbeiten.
- Aus Zucchinischalen lassen sich Gemüsechips backen.
- Kräuter lassen sich gut einfrieren und dann portionsweise bei Bedarf entnehmen.
- Brotaufstriche lassen sich gut aus altem Gemüse herstellen.

Obst

- Altes Obst kann man gut in Kuchen (z. B. Crumble) verarbeiten.
- Alte Äpfel schmecken getrocknet gut als Chips oder lassen sich zu Apfelsaft oder Limonade verwandeln. Das gilt natürlich auch für andere Obstsorten.
- Du kannst viele Obstsorten zu Trockenobst verarbeiten.
- Obstreste lassen sich aber auch gut im Obstsalat oder Smoothie verwerten. Vielleicht hast du auch noch Joghurt da, den du hinzugeben kannst?
- Auch Fruchteis lässt sich aus altem Obst herstellen.
- Bananen lassen sich noch gut in Brotteig verarbeiten oder auch grillen und backen.

Ei-Reste

- Aus Eiweiß lässt sich eine Gesichtsmaske herstellen.
- Eigelb lässt sich in selbstgemachter Mayonnaise verarbeiten oder zum Andicken von Soßen und Suppen nutzen.

VERDORBENE LEBENS-MITTEL RICHTIG ENTSORGEN

Lebensmittel sind biologische Abfälle. Sie gehören damit entweder auf den Kompost oder in die Biotonne. Wer feste Speisereste einwickeln will, bevor er sie in den Kompost oder Biomüll wirft, sollte dafür Zeitungspapier/Küchenpapier nutzen – kein Hochglanzpapier! Flüssige Lebensmittel dürfen nicht über Toilette oder Ausguss entsorgt werden. Das kann zu Verstopfungen und üblen Gerüchen führen und Ratten anlocken. Flüssige Lebensmittel wie Fette und Öle gehören in die Restmülltonne.

MÜLL VERMEIDEN IN DER KÜCHE

Auch wenn die Vermeidung von Abfall Priorität hat, so fällt trotzdem immer wieder Müll an. In Deutschland sind dies jährlich etwa 40 Millionen Tonnen an Hausmüll. Es gilt, diesen Abfall so gut zu recyclen, dass neue Rohstoffe gewonnen und weiterverarbeitet werden können. Dadurch ist es möglich, den Verbrauch von Energie sowie natürlichen Ressourcen wie Holz und Erdöl zu reduzieren. Um es in Zahlen auszudrücken: Jede Tonne recyceltes Plastik spart gegenüber herkömmlichem Plastik aus Erdöl etwa eine Tonne CO_2. Auch wenn Deutschland noch lange nicht alle Möglichkeiten für das Recycling von Kunststoffen und Baumaterial nutzt, können und müssen wir im Privaten einen Beitrag zum richtigen Recycling und zur optimalen Nutzung von Ressourcen leisten.[41]

Müllwagen holen den Müll an unserer Haustür ab. Sämtliche Inhalte verschiedener Haushalte werden zusammengekippt. Wenn also ein Haushalt nicht richtig trennt, sondern zum Beispiel Kunststoff in die Restmülltonne wirft, vermischt sich dieser mit dem anderen Müll und ist dann nicht mehr gut recycelbar. Denn er ist dann sehr stark durch anderen Müll verschmutzt und lässt sich nicht mehr leicht herausfiltern. Auch Papier, das in den Restmüll geworfen wurde, wird nicht wiederverwertet, denn es muss für die Weiterver-

arbeitung trocken und sauber bleiben. Sortieranlagen können den Müll nicht vollständig, gut und sauber trennen. Damit unser Hausmüll vernünftig sortiert, getrennt und insbesondere weiterverarbeitet werden kann, muss er also recht sauber sein. Durch eine vernünftige Mülltrennung können wir das einfach unterstützen.[42]

Offiziell liegt die Recyclingquote in Deutschland bei etwa 55 %. In der Realität liegt sie aber niedriger, weil während des Recyclingprozesses Materialien ausgeschlossen und auch Plastikexporte nicht immer recycelt werden. Nicht brauchbares Material wird aussortiert und zur Energiegewinnung verbrannt, weil das billiger ist, als es zu recyceln. Je nach Müllsortieranlage schwanken die Anteile an sortierten Kunststoffarten und demnach auch die Höhe des recycelten Materials.[43]

Müll richtig entsorgen

Was darf auf den Kompost? Was muss zum Wertstoffhof? Und was kommt in welche Tonne? Gerade die letzte Frage ist leider knifflig, denn das ist regional sehr unterschiedlich geregelt. Wir stellen im Folgenden die bei uns gültigen Vorgaben vor. Prüfe bitte zur Sicherheit, was an deinem Wohnort gilt!

Kompost

Biomüll wird zu wertvollem Kompost weiterverarbeitet. Warum nicht ein eigenes Dünger-Reservoir anlegen? Wir jedenfalls haben einen Kompost im Garten: Wir sammeln dort unseren Biomüll – und bei Kompostreife verteilen wir ihn auf unseren Beeten. Das spart wertvolle Ressourcen und Geld.

In den Kompost gehören

- Alle organischen Abfälle wie Laub, Staudenreste, Rasenschnitt, Küchenabfälle, Holzhäcksel, reine Holzasche oder biologische Teebeutel.
- Rasenschnitt: vorher etwas antrocknen und anschließend nicht zu dick auf den Kompost geben, da sonst die Sauerstoffzufuhr unterbrochen und eine Temperatur von bis zu 100 Grad Celsius entstehen kann, wodurch der Kompost anfängt zu faulen und die Mikroorganismen, Regenwürmer und andere Bodenlebewesen sterben.
- Hobelspäne und Sägemehl: nur sparsam kompostieren, da es sonst zu Drahtwurmbefall kommen kann

Nicht in den Kompost gehören

- gekochte Essensreste, Milchprodukte, Gebäck, Fleisch und Knochen
- gespritzte Obstschalen, bunte Zeitschriften oder Kartonreste
- kranke Pflanzen und Wurzel- oder samentragende Unkräuter

Wusstest du, dass ca. 40 % des Restmülltonneninhalts eigentlich in die Biotonne gehören?

Mehr interessante Informationen & wertvolle Tipps zum Thema Mülltrennung findest du über den nebenstehenden QR-Code.

Biotonne

In die Biotonne gehören biologische Küchenabfälle und Grünabfälle.

Küchenabfälle

· allgemein: gekochte und rohe Speisereste und verdorbene Lebensmittel (ggf. in Zeitungspapier/Küchenpapier einwickeln – kein Hochglanzpapier!); im Detail:
· Gemüse- und Obstschalen, auch Zitrusfrüchte und Südfrüchte
· Brot- und Backwarenreste
· Fleisch- und Fischreste (gekocht)
· Knochen
· Kaffeesatz, Kaffeefilter und Teebeutel
· Nuss- und Eierschalen
· Milchprodukte (aber keine flüssigen)

Garten- und Grünabfälle

· Hecken- und Rasenschnitt
· Baumschnitt und Baumrinde
· Nadeln
· Zweige
· Unkraut
· Laub
· Blumen
· kleine Mengen Blumenerde
· Wildkräuter

Sonstige kompostierbare Abfälle

· organisch verschmutzte Papier- und Pappreste (z. B. Obsttüten, Küchenpapier)
· organisches Kleinstreu (kleine Mengen, z. B. Sägespäne, Stroh)
· Federn
· Haare
· Holzwolle, Holzspäne, Sägespäne (nur von unbehandeltem Holz)

> ÜBER DEN QR-CODE KANNST DU DIR DIE TABELLE AUCH ALS PDF AUF DEIN SMARTPHONE LADEN. OB DORT ODER AUSGEDRUCKT: GRIFFBEREIT IST IMMER GUT. AUßERDEM FINDEST DU DIE TABELLE AUCH AUF DER ULMER-HOMEPAGE: WWW.ULMER.DE/KUECHE-OHNE-SCHNICK-SCHNACK.

Gelber Sack / Wertstofftonne

In die gelbe Tonne oder den gelben Sack bzw. die Wertstofftonne gehören alle Abfälle aus Metall, Kunststoff und Verbundstoff – aber Vorsicht: Gerade hier gibt es große regionale Unterschiede und du solltest dich informieren, wie dein Wohnort es geregelt hat. Die Verpackungen müssen restentleert sein, ein Ausspülen ist nicht notwendig. Verpackungsbestandteile sollten voneinander getrennt werden. Die Entsorgung in der Wertstofftonne ist für uns kostenlos, da wir sie schon beim Kauf des Produkts bezahlt haben. Den Grünen Punkt sollte man, laut Nabu, ignorieren. Welche Tonne richtig ist, entscheidet nur das Material und nicht der Grüne Punkt.

Früher hatten alle Verpackungen einen Grünen Punkt, bei denen die Entsorgung über die Wertstofftonne, Papiertonne und Glastonne bezahlt war. Seit 2009 muss der Grüne Punkt nicht mehr abgebildet werden. Manche Hersteller drucken ihn immer noch auf, manche nicht, was zu Verwirrungen führen kann.

Beispiele Kunststoffe

· Becher (z. B. Joghurtbecher, Buttermilchbecher)
· Filzstifte
· Gießkannen
· Kaffeekapseln
· Kugelschreiber
· Plastikschüsseln
· Spielzeug
· Styropor
· Arzneimittelblister
· Einkaufstüten
· Füllmaterial von Versandverpackungen aus
  Kunststoff, wie z. B. Luftpolsterfolie oder
  Schaumstoff
· Kunststoffschalen und -folien
· Shampooflaschen
· Putz- und Reinigungsmittelflaschen
· Zahnpastatuben
· ...

Beispiele Metalle

· Aluminiumfolien- und schalen
· Deckel von Joghurtbechern
· Essbesteck
· Getränkedosen
· Spielzeug
· Töpfe
· Verschlüsse
· Werkzeuge
· Konservendosen
· Kronkorken
· Spraydosen
· ...

Beispiele Verbundstoffe

· Milch- und Saftkartons
· Vakuumverpackungen
· Verpackungen von Tiefkühlkost
· ...

Restmüll

Vielleicht erinnerst du dich auch noch an die Mülldeponien, in denen der Müll ungetrennt auf einen Haufen geworfen wurde, um dort zu „verrotten"? Ich erinnere mich noch gut, wie mein Vater samstags dort den Müll hingebracht hat und ich manchmal mitgefahren bin. Da lagen gebrauchte Windeln und weiterer Restmüll zusammen mit Haushaltsgegenständen und anderem Müll. Mein Papa hat immer wieder gut erhaltene Dinge mit nach Hause gebracht, die achtlos/sinnloserweise von anderen weggeworfen worden waren, obwohl sie noch top in Schuss waren.

Heute wird der entstehende Restmüll überwiegend zur Energiegewinnung genutzt, also verbrannt. Hierbei werden meist nur Metalle zurückgewonnen. Damit die Müllverbrennungsanlagen in Deutschland ausgelastet werden, wird Müll nach Deutschland gebracht. Verbrennen ist leider wirtschaftlicher, als Restmüll zu recyceln.[44] In den Restmüll gehört der Müll, der nirgendwo anders entsorgt und recycelt werden kann. Problemstoffe, wie beispielsweise Elektrogeräte, Batterien, Bauschutt und Schadstoffe gehören separat entsorgt – über den Wertstoffhof.

Glas

Glas kann, wenn es nach Farben getrennt und in den entsprechenden Container (Weiß-, Braun- bzw. Grünglas – blaues Glas gehört zum Grünglas) sortiert wurde, zu fast 100 % recycelt werden, ohne dabei groß an Qualität zu verlieren. Deshalb enthalten viele Glasflaschen bereits hohe Anteile an recyceltem Glas.

Das darf rein

Glasflaschen und Einweggläser für Lebensmittel- und Drogerieerzeugnisse, idealerweise ohne Deckel. Sie sollten löffelrein sein, denn Lebensmittelreste gehören nicht ins Altglas. Gespült werden müssen sie aber nicht.

Das darf nicht rein

· Trinkgläser und Fensterglas, Glühbirnen
· Blei- und Kristallglas
· Spiegelglas
  Diese Gläser setzen sich anders zusammen und haben einen höheren Schmelzpunkt. Zudem bestehen sie aus nicht recycelbaren Anteilen. Kommen diese Gläser in das Altglas, kann es zu Problemen im Recycling und in der Produktion von neuen Glasverpackungen kommen.
· sämtliche Verschlüsse. Sie gehören in die Wertstofftonne. Sie werden zwar, falls sie doch im Altglascontainer gelandet sind, aussortiert, jedoch kostet das immer Energie, und dieser Aufwand lässt sich leicht vermeiden.
· Lebensmittelreste
· jegliche Keramik und Porzellanprodukte

PAPIERTÜTEN WEITERNUTZEN: MANCHMAL LÄSST ES SICH NICHT VERMEIDEN UND MANCHMAL BEKOMMT MAN SIE AUCH GESCHENKT – PAPIERTÜTEN. VIELE LASSEN SICH ABER WUNDERBAR WEITERVERWENDEN: ALS GESCHENKVERPACKUNGEN ZUM BEISPIEL! WENN MAN SORGSAM DAMIT UMGEHT, KANN MAN SIE NOCH VIELE MALE NUTZEN.

Papier

Zur Papierherstellung aus Frischfaser wird viel Holz und Energie benötigt. Recyceltes Papier, also Altpapier, hat eine viel bessere Ökobilanz als dieses herkömmliche Papier, weil zur Herstellung weniger Wasser, Holz und Energie benötigt werden. Daher ist es wichtig, dass wir Papier ordentlich recyceln. Es gehört in die Papiertonne oder in den Papiercontainer, und zwar getrocknet – sonst kann es nicht recycelt werden.

Das darf rein

· Papier
· Zeitungen
· Pappe
· Kartons
· Geschenkpapier
· Briefumschläge (auch mit Fenster!)
· Papierverpackungen
· blaue Kassenbons

Das darf nicht rein

· Thermopapier, wie beispielsweise weiße Kassenbons oder Fahrkarten. Diese gehören in den Restmüll. Nur blaue Kassenbons dürfen ins Altpapier.
· To-go-Becher, Einwegverpackungen, beschichtetes Papier. Diese gehören in die Wertstofftonne.
· Getränkekartons und Papierverbunde, die Kunststoff oder Alu enthalten.

Enthalten Produkte mehrere Bestandteile, zum Beispiel Papier und Kunststoff, müssen diese getrennt entsorgt werden.

Die Problematik von Bioplastik

In der Küche fallen nicht nur Lebensmittelreste an, es entsteht auch an anderen Stellen eine Menge Müll, insbesondere durch Einwegverpackungen und generell Plastikprodukte. Wer sich mit Nachhaltigkeit beschäftigt, stößt irgendwann unweigerlich auf sogenanntes Bioplastik und Biokunststoff. Überall wird damit geworben, dass Plastiktüten, Coffee-to-go-Becher oder Kaffeekapseln biologisch abbaubar, kompostierbar oder aus nachwachsenden Rohstoffen bestünden. Der Wortbestandteil „Bio" suggeriert, dass Bioplastik umweltfreundlicher sei als herkömmliches Plastik. Während man sich aber bei der Kennzeichnung „Bio" auf Lebensmitteln darauf verlassen kann, dass diese aus biologischem Anbau stammen, ist ein analoger Schluss bei Bioplastik leider nicht möglich.
Bio steht für zwei Begrifflichkeiten: 1. Biobasiert (gemeint sind natürliche und nachwachsende Rohstoffe wie beispielsweise Mais, Zuckerrohr,

Weizen oder Kartoffeln); 2. biologisch abbaubar. Bioplastik ist also ein biologisch abbaubarer oder biobasierter Kunststoff. Eigentlich. Aber der Begriff ist, wie schon angedeutet, nicht geschützt.

Am häufigsten werden Polymilchsäuren (PLA, aus Mais oder Zuckerrohr) und Polyhydroxyalkanoate (PHA, aus Mikroorganismen) für die Produktion von Bioplastik verwendet.[45] Herkömmliches Plastik wird komplett aus fossilen Rohstoffen wie Erdöl hergestellt und ist nicht biologisch abbaubar. Aber auch Bioplastik ist nicht immer frei von Erdöl. Wie viel Anteil an erneuerbaren Rohstoffen im Produkt enthalten ist, ist nicht vorgegeben. Das bedeutet, dass Bioplastik nicht vollständig aus nachwachsenden Rohstoffen hergestellt werden muss. Meist enthält Bioplastik sogar noch 40 bis 70 % fossile Rohstoffe.[46] Produzierende können ihre Kriterien selbst festlegen. Wie viel Umweltfreundlichkeit tatsächlich dahintersteckt, erfährt man daher oft nicht.

> Nur weil ein Produkt aus nachwachsenden Rohstoffen hergestellt wurde, ist es nicht zwingend biologisch abbaubar. Auch ist ein Produkt, das biologisch abbaubar ist, nicht immer aus nachwachsenden Rohstoffen hergestellt, sondern kann fossile Rohstoffe enthalten.

Woran erkennt man Bioplastik?

Am Material selbst ist Bioplastik nicht zu erkennen. In der Regel sind Biokunststoffe/Bioplastikprodukte mit einem Recyclingcode (Bioplastik enthält den Code 7) oder mit der speziellen Angabe „biologisch abbaubar" gekennzeichnet.

 Über den nebenstehenden QR-Code kommst du auf eine Webseite, auf der gut erklärt ist, was an Inhaltsstoffen wie BPA problematisch ist und warum du sie möglichst meiden solltest.

Biologisch abbaubar ist ein Trugschluss

Produkte sind nur kompostierbar, wenn sie unter ganz bestimmten Bedingungen (Sauerstoff, Feuchtigkeit, Temperatur – siehe DIN EN 13432) in einer gewissen Zeit (90 Tage / 12 Wochen) biologisch abbaubar sind. Für den Vorgang müssen Mikroorganismen und Pilze vorhanden sein. In industriellen Kompostanlagen herrscht eine Temperatur von 60 °C. Aber selbst da braucht Bioplastik viel länger, um sich zu zersetzen, als nur zwölf Wochen – nämlich in der Regel genauso lange wie herkömmliches Plastik. Daher ist es auch keine gute Idee, Bioplastik auf dem hauseigenen Kompost oder in der Biotonne zu entsorgen.

Ohnehin wird Bioplastik, das in der Biotonne (zum Beispiel Bioabfalltüten) gelandet ist, aktuell noch aussortiert – und dann verbrannt. Da durch das Aussortieren ein Mehraufwand entsteht, entsteht gleichzeitig auch ein höherer Energieaufwand. Anders als bei echtem Bioabfall entstehen bei biologisch abbaubaren Kunststoffen auch keine wertvollen Bodenbestandteile. Es findet lediglich ein Abbau zu Kohlendioxid (CO_2) und Wasser statt. Das alles bedeutet: Bioplastik gehört, wie alle anderen Kunststoffe auch, über die gelbe Tonne bzw. den gelben Sack entsorgt! Aber auch da tun sich Probleme auf: Denn bisher können nur biobasierte Kunststoffe recycelt werden, die dieselbe chemische Struktur aufweisen wie Kunststoffe aus Erdöl. Ein Beispiel: Biobasierte PET-Flaschen können zusammen mit anderen PET-Flaschen recycelt werden. Da die Sortieranlagen nicht auf andere biobasierte Kunststoffe ausgelegt sind, landen sie dann meist in der Verbrennungsanlage.

Bioplastik bietet keine nennenswerten Vorteile

Bioplastik geht auch noch schneller kaputt als herkömmliches Plastik und wird demnach womöglich weniger lang genutzt. Die Liste an Nachteilen ist lang:

- Die Begriffe „Bioplastik", „Biokunststoff", „biologisch abbaubar" und „kompostierbar" verunsichern die Verbraucher. Werbung mit den genannten Begriffen birgt die Gefahr, dass der Plastikkonsum zunimmt (Stichwort: Wegwerfgesellschaft). Denn allein die Wörter „umweltfreundlich" oder „öko" suggerieren dem Verbraucher, dass die Produkte bedenkenlos gekauft und anschließend weggeworden werden können. Oft werden sie dann tatsächlich achtlos weggeworfen. Dass die Produkte meist genauso lange zum Verrotten benötigen wie herkömmlicher Kunststoff, wird dabei ausgeblendet.
- Bioplastik besteht oft nur zu einem kleinen Anteil aus nachwachsenden und zum Großteil weiterhin aus fossilen Rohstoffen wie Erdöl.
- Bioplastik ist nicht tatsächlich biologisch abbaubar und kann daher auch nicht über den eigenen Hauskompost oder die Biotonne entsorgt werden! Da es sich schlecht zersetzt, kann es auch nicht für die Herstellung von Biogas genutzt werden. Meist wird Bioplastik deshalb mit herkömmlichem Plastik aussortiert und verbrannt.
- Was die genutzten Rohstoffe wie beispielsweise Mais, Zuckerrohr und Weizen anbelangt, konkurriert Bioplastik direkt mit der Nahrungsmittelproduktion für Mensch und Tier (Menge, Anbauflächen).
- Für die Herstellung von biologischen Plastikrohstoffen werden Düngemittel eingesetzt. Überdüngung führt dazu, dass überschüssige Nährstoffe in Flüsse und Seen gelangen und das Wachstum von Algen beschleunigen. Dadurch werden die Gewässer stark belastet und Fischsterben tritt ein.
- Oft werden beim Anbau Pestizide und teilweise auch gentechnisch veränderte Organismen eingesetzt.

Bioplastik ist also noch keine Antwort auf unser Plastikproblem. Es bleibt dabei: Der beste Abfall ist doch der, der gar nicht erst entsteht. Und das bedeutet: Nutze, wenn möglich, Mehrwegverpackungen, von denen viele bis zu tausend Mal wiederverwendet werden können.

Alternativen zu Wegwerfartikeln

Die Ökobilanz von Mehrwegverpackungen ist deutlich besser als die von Einwegartikeln. Daher folgen jetzt viele Möglichkeiten, wie du auf Einweg- und teils überhaupt auf Plastikartikel verzichten kannst.

Thermobecher statt To-go-Becher

Kaffee gehört zu den beliebtesten Heißgetränken. Jeder in Deutschland lebende Mensch trinkt im Schnitt 450 Tassen Kaffee im Jahr. Was den Verkauf von gebrühtem Kaffee anbelangt, entfallen 70 % des Gesamtumsatzes auf den Coffee-to-go-Bereich.[47] Anders ausgedrückt: Ca. 2,8 Milliarden Einwegbecher werden in Deutschland jährlich für Heißgetränke genutzt – das entspricht 34 Bechern pro Kopf. Hinzu kommen etwa 1,3 Milliarden Einweg-Kunststoffdeckel.

Und diese Einwegbecher samt Deckel landen dann im Müll oder direkt in der Umwelt, weil sie achtlos weggeworfen werden oder die Mülleimer überquellen. Insgesamt füllen diese Becher pro Jahr etwa acht Millionen städtische Müllereimer. Dabei gibt es eine einfache Alternative: Thermobecher. Diese Becher kann man beliebig oft nachfüllen und reinigen. So vermeidet man auf einfache Art und Weise Müll.

Losen Tee und wiederverwertbare Teebehälter statt Teebeutel

Statt Teebeutel kannst du losen Tee kaufen und ihn in Teeeiern, Teesäckchen oder Teekannen mit integriertem Filter zubereiten. Teebeutel selbst bestehen aus einer Hülle, einem Faden, einem Zettel aus Papier und einer Metallklammer. Klassische Teebeutel bestehen häufig aus Zellulose oder anderen Naturfasern. Diese dürfen im Biomüll entsorgt werden. Doch werden immer mehr Teebeutel aus Biokunststoff und synthetischem Papier hergestellt. Diese gehören nicht in den Biomüll. Aber auch Polypropylen oder andere Harze sind in Teebeuteln zu finden. Auch deshalb ist es besser, Tee lose zu kaufen.

Bienenwachstücher statt Frischhaltefolie

Eine super Alternative zu Frischhaltefolie sind Bienenwachstücher, die man fertig kaufen oder leicht aus alten Stoffresten selber machen kann. Damit lassen sich alle möglichen Lebensmittel wie Gemüse, Obst und Pausenbrote einpacken. Fleisch allerdings darf man darin nicht einwickeln. Für stark riechende Lebensmittel, wie zum Beispiel Zwiebeln, sollte man ein extra Bienenwachstuch nehmen, das nur dafür genutzt wird, da es den Geruch annehmen kann. Bienenwachs hat eine antibakterielle Wirkung, was für die Aufbewahrung von Lebensmitteln wichtig ist. Übrigens ist auch einfrieren damit möglich, und durch natürliche Körperwärme lassen sich  Bienenwachstücher in alle möglichen Formen biegen. Eine Anleitung gibt's unter dem nebenstehenden QR-Code.

Strohhalme aus Glas oder Edelstahl

Plastikstrohhalme sind bereits verboten. Solltest du nicht auf Strohhalme verzichten wollen, eignen sich Strohhalme aus Glas oder Edelstahl sehr gut. Es gibt auch Strohhalme aus Papier, aber die verursachen wieder Müll, wenn auch keinen Plastikmüll.

Beschichtete Backformen oder Silikonformen statt Papier

Auch wer beschichtete Backformen oder Silikonformen statt Einmal-Muffinförmchen aus Papier nutzt, reduziert seinen Müll.

French Press oder Keramikfilter mit Goldfilter statt Kaffeefilter, -pads oder -kapseln

Für die Zubereitung von Kaffee gibt es einige umweltfreundlichere Möglichkeiten als Kaffeepads oder -kapseln. Dazu gehören zum Beispiel die French Press, die ganz ohne Filter auskommt, und der einfache Keramikfilter, den man auf eine Tasse stellt und mit heißem Wasser aus dem Wasserkocher überbrüht. Filtertüten kann man durch einen Goldfilter oder einen Baumwollfilter ersetzen. Wir selbst nutzen einen Goldfilter und sind sehr zufrieden. Doch dazu kannst du auf S. 119 mehr lesen.

Bambustücher oder Baumwollhandtücher statt einer Küchenrolle

Zugegeben: Küchenrollen sind sehr praktisch, verursachen aber einen großen Berg an Müll. Der deutsche Pro-Kopf-Verbrauch bei Hygienepapier – dazu gehören Toilettenpapier, Küchenrollen und Taschentücher – liegt bei 18 Kilo im Jahr.[48] Wenn man Flüssigkeiten aufsaugen möchte, kann man dafür auch leicht Trockentücher/Geschirrtücher nutzen und sie dann in die Waschmaschine werfen. Trockentücher nutzen wir auch, um Schüsseln mit Teig o. Ä. abzudecken. Eine Alternative zu Trockentüchern sind Bambustücher. Die haben wir zu Anfang unserer Nachhaltigkeitsreise genutzt, sind aber dann auf einfache Trockentücher umgestiegen.

Übrigens kannst du auch einfach aus alten Stoffen wie T-Shirts Tücher selbst machen. Dazu schneidest du sie dir einfach in Stücke in der passenden Größe und nähst die Ränder um, damit sie nicht ausfransen.

Einweggläser weiternutzen

Altglas fällt immer wieder in fast jedem Haushalt an. Die Einweggläser lassen sich gut zum Einkochen, Einfrieren, zur Aufbewahrung von Lebensmitteln wie beispielsweise Müsli oder Nudeln oder als Sammelbehälter für Haarspangen, Stifte und vieles mehr weiterverwenden.

Leitungswasser statt Wasser aus Plastikflaschen

Indem du Leitungswasser trinkst, kannst du einerseits das lästige Kistenschleppen, Plastikmüll und andere Ressourcen (die zum Beispiel für die Herstellung, die Reinigung und den Transport von Glasflaschen draufgehen) und andererseits Geld sparen. Wasser in Flaschen, egal ob Plastik oder Glas, ist absolut überteuert. Auch zu diesem Thema findest du mehr ab S. 24.

Einfrieren in Stoffbeuteln oder Gläsern

Einfrieren in Plastiktüten muss gar nicht sein. Du kannst Lebensmittel wie Brot wunderbar in Stofftüten und Gekochtes und Kräuter in Gläsern einfrieren. Mehr dazu gibt's auf S. 65.

Selber kochen statt fertig kaufen und einkochen/einfrieren

Anstatt Fertigprodukte zu kaufen, wodurch immer viel Verpackungsmüll anfällt, lohnt es sich oft selbst zu kochen. Man spart viel Müll und Geld, da Fertigprodukte teuer sind. Zudem weiß man, was in dem Essen drin ist. Wir kochen unser Essen meist frisch und für mehrere Tage. Insbesondere bei Eintöpfen lohnt es sich, für mehrere Tage vorzukochen und anschließend einzufrieren oder einzukochen. Einkochgläser braucht man nicht zu kaufen, die fallen im Alltag schnell an, können für solche Dinge gesammelt und anschließend genutzt werden. Für Tage, an denen es mal schnell gehen muss, hat man so jederzeit „Fast Food" zur Hand.

Haushaltsreiniger selber machen

Man kann ganz wunderbar Haushaltsreiniger (auch für das WC) selbst machen – und so dafür sorgen, dass weniger Verpackungsmüll anfällt. Insbesondere Natron und Zitronensäure sind nachhaltige Möglichkeiten, um Flecken und Dreck zu entfernen. Sollte man doch auf handelsübliche Reiniger zurückgreifen, ist es sinnvoll, nachhaltigere Produkte zu nutzen und sie sparsam einzusetzen, damit man möglichst lange damit auskommt. Auch in Unverpacktläden kann man Haushaltsreiniger und Waschmittel kaufen.

Stoffbeutel statt Plastik- und Papiertüten

Stoffbeutel sind eine sinnvolle Alternative zu Plastik- und Papiertüten. Doch wird für ihre Herstellung eine Menge an Ressourcen, insbesondere Wasser, benötigt.[49] Es ist daher sehr wichtig, dass du die Beutel lange nutzt und schon vor Kauf auf eine GOTS-Zertifizierung zu achtest. Alternativ kannst du einfach aus alten Stoffresten selber Stoffbeutel herstellen.

Wir haben in unserem Auto und im Rucksack immer einen Stoffbeutel dabei, falls wir mal spontan eine zusätzliche Tasche benötigen. Brot und Brötchen lassen sich übrigens genauso gut im Stoffbeutel vom Bäcker nach Hause tragen wie in der Papiertüte!

> Wir haben immer einen Baumwollbeutel dabei. So brauchen wir unterwegs keine Tüten zu kaufen und nutzen das, was wir haben. Denn: Hast du immer einen Beutel dabei, bist du immer für größere Einkäufe gewappnet.

Stoffnetze statt Plastiktüten

Mittlerweile gibt es sie in fast jedem Supermarkt zu kaufen: Stoffnetze. Sie sind ideal, um Obst und Gemüse einzukaufen. Sind sie einmal dreckig, kommen sie in die Wäsche und werden dann wieder genutzt.

Stoffservietten statt Papierservietten

Man kennt sie aus Restaurants oder noch von Oma früher: Stoffservietten. Irgendwie sind Papierservietten modern geworden, doch verursachen sie sehr viel Müll. Stattdessen kannst du Stoffservietten nutzen und sie nach dem Gebrauch einfach waschen. Man kann sie auch gut aus alten Tischdecken oder anderen festeren Stoffen selbst herstellen.

Stofftaschentücher statt Einmaltaschentücher

Einmal back to the roots bitte: Unsere Großeltern hatten immer ein Stofftaschentuch in der Hosentasche. Mittlerweile machen wir es ihnen nach, obwohl es früher undenkbar für uns gewesen ist. Stofftaschentücher sparen viel Müll und lassen sich sehr gut waschen, sodass es auch hygienisch bleibt.

UNVERPACKT EINKAUFEN

Unverpackt einkaufen spart viel Verpackungsmüll. Oft gibt es im Supermarkt unverpacktes Gemüse und Obst zu kaufen, ansonsten auf dem Wochenmarkt oder im Unverpacktladen.

#machsnachhaltig

LIFEHACKS FÜR DEN KÜCHENALLTAG

Nachdem wir Tipps gegeben haben, wie man Müll in der Küche einsparen kann, haben wir hier noch ein paar Lifehacks, die den nachhaltigen Küchenalltag etwas erleichtern können.

Lebensmittel

Übrig gebliebene Eier einfrieren: Manchmal bleibt beim Backen/Kochen Ei übrig, das dann schnell weggeworfen wird. Doch das ist gar nicht notwendig: Eigelb und Eiweiß lassen sich roh einfrieren, und das sogar ohne Schale. Sie verändern ihre Konsistenz nicht. Friert man ganze Eier ein, vermischt sich der Inhalt zwar nach dem Auftauen, aber sie lassen sich genauso verwenden wie frische Eier – wenn sie nicht im Rezept getrennt werden müssen.

Gemüsegrün weiterverwenden: Möhren, Rote Beten, Radieschen, Kohlrabi – oft landet das Gemüsegrün im Müll. Dabei ist es sehr lecker und aromatisch und enthält viele wertvolle Vitamine. Gemüsegrün lässt sich daher super in Salatsoßen und Suppen einarbeiten. Aber auch Pesto oder Smoothies lassen sich daraus kreieren.

Kräuter einfrieren: Kräuter, egal ob frisch aus dem Garten, übrig geblieben oder nicht winterfest, lassen sich gut einfrieren. Aber Achtung: Oregano und Thymian verlieren dabei ihr Aroma – sie sollte man also besser trocknen. Zum Einfrieren werden die meisten Kräuter einfach feingehackt, in Eiswürfelformen gegeben, mit etwas Wasser aufgefüllt und eingefroren. Natürlich funktioniert das auch in kleinen Dosen. Beim Kochen werden die Kräuter direkt gefroren zum Essen gegeben.

Altes Brot frisch machen: Altes, hartes und ausgetrocknetes Brot muss nicht weggeworfen werden. Fülle eine Pfanne oder einen Topf mit etwas Wasser, sodass der Boden ca. 5 Millimeter hoch mit Wasser bedeckt ist. Dann legst du verkehrt herum einen Suppenteller oder ein Schüsselchen hinein. Darauf legst du dann das Brot, wobei es das Wasser natürlich nicht berühren darf. Erhitze das Wasser leicht, bis es dampft, und halte die Temperatur für etwa 10 bis 15 Minuten. Anschließend lässt du das Brot auslüften und kannst es wieder genießen.

One-Pot-Pasta: Eine Pfanne für die Soße, einen Topf für die Nudeln, und dazu mehrere Küchenutensilien? Bei einer One-Pot-Pasta ist das nicht nötig, denn man kann alles zusammen in einem Topf kochen. Dadurch werden Energie, Wasser und Zeit gespart, denn man muss anschließend auch nur einen Topf säubern. Es werden alle Zutaten für die Soße zusammen mit Wasser und Nudeln in einen Topf gegeben und gekocht, bis die Pasta al dente und das Wasser aufgesaugt ist. Im Netz findet man dafür viele Rezepte und Inspirationen.

Reis zur Handyrettung: Ist das Telefon ins Wasser gefallen, kann man es mit Reis zu retten versuchen. Dazu muss das Telefon ausgeschaltet und zunächst in ein Papier/Baumwolltuch gewickelt werden, damit der weich werdende Reis nicht die Löcher verklebt. Anschließend legt man das Handy in eine Schüssel mit trockenen Reiskörnern. Diese saugen dann die Feuchtigkeit auf.

Backen ohne Backpapier: Backpapier ist kein normales Papier, sondern mit Teflon beschichtet und darf nicht in den Papiermüll geworfen werden. Es gibt verschiedene Möglichkeiten, ohne Backpapier zu backen: Für Kekse wird das Backblech mit Backwachs eingerieben, für Pommes wird Öl verwendet, und für Kuchenformen Butter/Fett. Nachher muss das Backblech bzw. die Kuchenform allerdings gut gereinigt werden.
Alternativ gibt es auch wiederverwendbare Backmatten aus Silikon, die nach der Nutzung gereinigt werden können. So eine Backmatte nutzen wir und sind sehr zufrieden. Viele moderne Backbleche haben eine Anti-Haft-Beschichtung. Wenn du ein solches Backblech hast, brauchst du kein Backpapier mehr.

Äpfel haltbar machen: Apfelstücke lassen sich durch einen Spritzer Zitronensaft auf der Schnittfläche länger haltbar machen. Die Frucht verfärbt sich dadurch nicht bräunlich.

Frühlingszwiebeln und Lauch mehrfach nutzen: Die Endstücke mit Wurzeln lassen sich gut in kleine Töpfe mit Erde pflanzen und noch einmal ziehen. Dadurch kann man Lauch und Frühlingszwiebeln mehrfach genießen und muss nicht immer eine neue Pflanze kaufen.

Putzen

Backpulver, Natron, Essig und Zitronensäure:
Mit diesen Mitteln kann man ganz wunderbar entkalken und putzen. Werden Natron (oder Backpulver) und Säure (Zitronensäure + Wasser, Essig) miteinander gemischt, kommt es zu einer chemischen Reaktion. Durch diese Reaktion werden Schmutzpartikel aufgewirbelt und gelöst. Essigsäure löst durch die Verminderung des pH-Werts Verkalkungen. Natron neutralisiert Gerüche, bleicht und löst Seifenreste und Fettverschmutzungen. Auch Abflüsse lassen sich durch Natron und Säure reinigen. Damit sich aber keine Klumpen in den Rohren festsetzen, musst du gut nachspülen. Zum Reinigen von Flächen gibst du etwas Essig oder Natron mit Zitronensäure und etwas Wasser auf die Fläche, reibst dies gut ein, lässt es kurz einwirken und putzt mit einem feuchten Tuch nach. Auch hier gilt: Gut nachwischen! Falls der Schmutz hartnäckig ist, ggf. wiederholen. Aber auch Eingebranntes auf dem Herd, in der Pfanne oder im Backofen lassen sich mit Natron/Backpulver und Säure gut entfernen.

Wichtig zum Lösen hartnäckiger Verkrustungen ist immer das entsprechende Werkzeug: Anstatt Plastikschwämme eignen sich dafür hervorragend Kupfertücher. Die lassen sich in der Waschmaschine waschen und sind sehr langlebig.

Fettflecken entfernen: Fettflecken müssen so schnell wie möglich behandelt werden. Denn wenn sie erst einmal eingetrocknet sind, sind sie viel schwieriger zu entfernen. Entfernen sollte man die Flecken von außen nach innen, da ansonsten der Fleck immer größer wird. Es darf auch nicht fest gerieben werden, da man den Fleck ansonsten weiter in den Stoff einarbeitet und die Stofffasern belastet. Neben Kartoffeln und Kaffeesud (siehe S. 91) helfen Speisestärke und Backpulver beim Entfernen von Fettflecken: Reichlich Backpulver oder Speisestärke auf den Fleck gegeben, einklopfen, einwirken lassen und anschließend mit einem Messerrücken abstreifen. Bei frischen Flecken hilft auch Handseife mit Wasser gemischt. Ältere Flecken sollten vor dem Waschgang mit Gallseife vorbehandelt werden.

Rotweinflecken mit Salz entfernen: Solange der Rotweinfleck noch frisch ist, kann er mit Salz entfernt werden. Salz auf den Fleck geben und mindestens eine halbe Stunde einwirken lassen. Anschließend wird das Salz entfernt und das Kleidungsstück gewaschen. Aber nicht nur an Kleidungsstücken funktioniert Salz, sondern auch auf Möbeln und Teppichen. Hier muss das Salz allerdings länger einwirken und dann abgesaugt oder abgetupft werden. Kohlensäure im Mineralwasser hat eine ähnliche Funktion.

Wasserflecken auf Holztischen entfernen: Mit etwas Zahnpasta lassen sich Wasserflecken von Holzoberflächen entfernen. Dazu wird ein Klecks

Zahnpasta auf die betroffene Stelle gegeben und mit einem feuchten Tuch eingerieben. Kurz einwirken lassen und abwischen.

Mit Bananenschalen Silber zum Glänzen bringen: Etwas Wasser in eine Schale geben, Bananenschale hineinlegen, zu einem Brei mixen, auf einen Lappen geben und polieren. Diese Methode funktioniert auch, um Glattleder von Schuhen oder Taschen zu polieren.

Zitronenschalen gegen Kalk und Wasserflecken oder als Raumduft: Zitronenschalen bringen, dank ihrer ätherischen Öle, Chromarmaturen zum Glänzen und eignen sich gut als Klarspüler in der Spülmaschine. Dafür gibt man den Saft einer halben ausgepressten Zitrone in die Spülmaschine. Besteck und Geschirr werden glänzen und keine Wasserflecken mehr haben. Eine halbe Zitrone reicht für etwa drei bis vier Spülgänge. Man kann Zitronenschalen auch auf die Heizung legen und als Raumduft nutzen.

Düngen

Natürlicher Dünger lässt sich aus verschiedenen Resten in unserer Küche gewinnen:

- **aus Tee** (siehe S. 90)
- **aus Kaffeesud** (siehe S. 91)
- **aus Eierschalen:** Eierschalen bestehen zu 90 % aus Kalk und sind reich an Nährstoffen wie beispielsweise Kupfer, Eisen, Phosphor, Schwefel und Zink. Kalk ist für Pflanzen sehr wichtig, da es ihnen ermöglicht, weitere Mineralstoffe aufzunehmen. Zink wiederum lockert den Boden und schafft dadurch gute Bedingungen für die Wurzeln, um Nährstoffe aufzunehmen. Dazu werden zwei Eierschalen zu feinem Pulver gemahlen und mit einem Liter Wasser aufgegossen. Anschließend muss die Flüssigkeit 12 Stunden stehen, damit sich die Mineralstoffe lösen können. Danach kann der Dünger genutzt werden.
- **aus Brennnesseljauche:** Brennnesseln sind wahre Stickstofflieferanten. Damit der Stickstoff für die Pflanzen verfügbar wird, muss eine Jauche hergestellt werden: Sie fördert die Widerstandskraft der Pflanzen und ernährt das Bodenleben. Dazu werden 500 Gramm frische Brennnesseltriebe von der Blüte genommen und grob mit einer Schere zerkleinert. Die zerkleinerten Brennnesseln werden in ein Gefäß gegeben, mit 5 Litern Wasser aufgegossen und verrührt. Brennnesseljauche fängt an zu gären, daher sollte der Behälter nicht zu voll sein, da er sonst überlaufen kann. Anschließend wird er für zwei bis drei Wochen zur Seite gestellt. Dabei muss die Flüssigkeit täglich umgerührt werden, damit Sauerstoff in die Jauche gelangt. Die Jauche schäumt zunächst sehr stark. Fertig ist sie, wenn

sie dunkel und klar ist. Man muss wissen, dass Brennnesseljauche sehr stark und übel riechen kann. Abhilfe verschafft Steinmehl. Einfach unterrühren. Brennnesseljauche sollte vor Ausbringen auf dem Wurzelbereich verdünnt werden: Auf ein Teil Jauche 10 Teile Wasser zugeben.

- **Kochwasser:** Kartoffelwasser eignet sich gut zum Düngen, sofern kein Salz verwendet wurde. Aber auch Kochwasser von gekochten Eiern liefert eine Menge Kalzium.

Wundermittel Teebeutel

Benutzte Teebeutel lassen sich prima auf vielfältige Art und Weise weiterverwenden:

- **als Geruchskiller:** Teebeutel trocken für einige Stunden oder sogar ein paar Tage in Schuhe oder Kühlschränke legen. Sie vertreiben muffigen Geruch und absorbieren Feuchtigkeit.
- **bei Hautproblemen:** Bei kleineren Hautverletzungen, Sonnenbrand oder Insektenbissen können vor allem benutzte Schwarzteebeutel auf die betroffene Haut gelegt werden. Aber auch bei Augenringen soll Schwarzer Tee helfen. Grüner Tee wiederum enthält Wirkstoffe, die auch in Kosmetika gegen Akne und Unreinheiten und fettige Haut verarbeitet sind. Aber auch bei Sonnenbrand wirkt Grüner Tee lindernd.
- **bei Zahnschmerzen:** Kamille hilft bei Zahnschmerzen, bei Entzündungen und Zahnfleischentzündungen durch ihre desinfizierende und entzündungshemmende Wirkung gut. Dazu trinkt oder gurgelt man mit Kamillentee.
- **als Scheibenreiniger:** Fingerabdrücke lassen sich mit gebauchten Teebeuteln von Fensterscheiben und Spiegeln entfernen. Dazu wird der noch feuchte Beutel über die Stelle gefahren und mit einem fusselfreien Tuch nachgetrocknet.
- **zum Polieren von Holzmöbeln und Ledersofa:** Das Holzmöbelstück oder Ledersofa mit feuchten Schwarzteebeuteln einreiben und mit einem trockenen Tuch polieren.
- **als Pflanzendünger:** Tee enthält viele Nährstoffe, wie beispielsweise Stickstoff, das durch das Zersetzen des Tees freigesetzt wird. Daher kann man gut den Inhalt von gebrauchten Teebeuteln als Dünger in die Erde einarbeiten. Bei uns landet der Tee direkt im Kompost, sodass der Humus bereits wichtige Nährstoffe enthält, bevor wir ihn auf die Beete verteilen. Alternativ kann man den Teebeutel auch über Nacht in die Gießkanne hängen, einwirken lassen und mit dem Wasser die Pflanzen gießen.

Wundermittel Kartoffel

- **als Rost- und Fettfleckentferner:** Die in Kartoffeln enthaltene Oxalsäure löst zusammen mit etwas Backpulver oder Natron Rostflecken auf dem Grill oder im Backofen. Dazu wird eine rohe Kartoffel halbiert und die Schnittstelle mit etwas Backpulver oder Natron beträufelt. Anschließend reibt man die Kartoffel auf dem Rostfleck und löst ihn damit. Gegen frische Fettflecken reibt man die halbierte rohe Kartoffel auf den Fettfleck. Die Kartoffelstärke soll das Fett absorbieren. Danach die Fläche trocknen lassen, abbürsten oder -wischen.

- **zum Reinigen von Edelstahlflächen oder Thermoflaschen:** Edelstahlflächen einfach mit der Innenseite der Schale oder mit einer halbierten Kartoffel abreiben und anschießend mit einem feuchten Tuch nachwischen. Thermoflaschen kann man auch mit Kartoffelschalen reinigen, indem man die Schalen in die Thermoskanne gibt, mit Wasser auffüllt, verschließt und ordentlich schüttelt. Ca. 15 Minuten einwirken lassen, Schalenreste entfernen und mit sauberem Wasser spülen.

- **als Dünger:** Kartoffelwasser kann man, wenn ohne Salz gekocht wurde, zum Düngen der Pflanzen verwenden, da das Kochwasser wertvolles Kalium enthält.

Wundermittel Kaffee

Kaffeesatz eignet sich in vielerlei Hinsicht. Vor seinem Einsatz kann er am besten auf einem Backblech verteilt getrocknet werden. Anschließend lässt er sich gut in einer Dose aufbewahren.

- **als Pflanzendünger:** Kaffeesud ist ein prima Torfersatz und Dünger, da er reich an Stickstoff, Phosphor und Kalium ist. Er fördert die Blütenbildung und Fruchtreife. Der Säuregehalt des Kaffees wirkt sich positiv aus, weil die meisten Pflanzen einen leicht säuerlichen Boden bevorzugen. Wird Kaffeesud Kompost hinzugegeben, beschleunigt er das Zersetzen. Regenwürmer mögen Kaffee, Schnecken halten sich fern. Der Kaffeesud wird als Dünger einfach rund um die Pflanze verteilt und leicht in den Boden eingearbeitet. Doch muss man, insbesondere bei jungen Pflanzen und Setzlingen, etwas vorsichtig sein, da Kaffeesatz schnell übersäuernd wirken kann. Reduzieren kann man den Effekt, wenn man fein zermahlende Eierschalen oder kalkhaltiges Leitungswasser hinzugibt.

- **als Geruchskiller:** Kaffeesatz vertreibt auch unschöne Gerüche. Einfach in eine kleine Schüssel in den Kühlschrank stellen, und schon werden Lebensmittelgerüche neutralisiert.

- **als Peeling:** Durch die körnige Struktur eignet sich Kaffeesatz auch als natürliches Peeling-Mittel. Dazu etwas Kaffeesatz mit etwas Pflanzenöl und Honig in einer Schüssel vermengen, auftragen, einmassieren, kurz einwirken lassen und abspülen.

- **als Fettentferner:** Auch eingebrannte Fettreste lassen sich mit altem Kaffeesatz abschmirgeln.

WAS BRINGT EINE PFLANZENBASIERTE ERNÄHRUNG?

Monsterstürme, Dürren, Überflutungen, Verlagerungen der Klimazonen, all das sind Folgen der Klimaerwärmung. Es gibt viele Möglichkeiten, einen Beitrag zur Reduzierung der Erderwärmung zu leisten und seinen ökologischen Fußabdruck zu senken. Einige haben wir in diesem Buch schon vorgestellt; dazu kommt u. a.: die Nutzung von Ökostrom, das Auto öfters stehen lassen und seltener fliegen. Doch das alleine reicht leider nicht mehr aus. Baut man in einem ganzen Land regenerative Energien auf, könnte der Klimawandel verlangsamt werden. Das kostet sehr viel Geld und würde mindestens 20 Jahre dauern. Selbst wenn wir ab sofort kein Gas und Öl mehr verbrauchen würden, würden wir unseren maximal erlaubten Ausstoß an Treibhausgasen immer noch überschreiten. Bis 2030 sind das 565 Gigatonnen (1 Gigatonne = 1 000 000 000 Tonnen).[50]

Eine wichtige Möglichkeit, den eigenen ökologischen Fußabdruck zu reduzieren, ist jedenfalls die Reduzierung des Fleischkonsums oder der Umstieg auf eine hauptsächlich pflanzenbasierte Ernährung. Es gibt verschiedene Formen der pflanzenbasierten Ernährung, je

nachdem, in welchem Ausmaß auf tierische Lebensmittel verzichtet wird.

Doch welche pflanzenbasierten Ernährungsformen gibt es?

2022 ernährten sich in Deutschland etwa 7,9 Millionen Menschen vegetarisch, fast eine halbe Million mehr als im Jahr davor.[51] 1,58 Millionen Menschen ernährten sich vegan, etwa 170 000 Menschen mehr als noch 2021.[52] Die Tendenz ist seit Jahren steigend. Insbesondere ethische Gründe und Tier-, Umwelt- und Klimaschutz sind die Motivationen, warum sich Menschen für eine (überwiegend) pflanzenbasierte Ernährung entscheiden. Hinzu kommen aber auch gesundheitliche und religiöse Gründe.

Vegetarische Ernährung

Eine vegetarische Ernährung hat nachgewiesenermaßen gesundheitliche Vorteile, wenn man ausgewogen isst. Wichtig ist eine vielfältige und abwechslungsreiche Zusammenstellung mit viel Gemüse, Obst, Vollkorn- und Milchprodukten, Hülsenfrüchten, Ölen und Nüssen. Sich vegetarisch ernährende Menschen scheinen im

Vergleich zur Allgemeinbevölkerung ein geringeres Risiko für Herz-Kreislauf-Erkrankungen, Diabetes Mellitus Typ II und Bluthochdruck zu haben.[53]

Eine vegetarische Ernährung lässt sich, je nach Ausmaß des Verzichts auf tierische Lebensmittel, unterteilen in:

	Lebensmittel, die gemieden werden	Lebensmittel, die gegessen werden
pesco-vege-tarisch	Fleisch und alle daraus gewonnenen Lebensmittel	pflanzliche Lebensmittel, Fisch, Eier, Milch und Milchprodukte
ovo-lakto-vege-tarisch	Fleisch, Fisch und andere Meerestiere und alle daraus gewonnenen Lebensmittel	pflanzliche Lebensmittel, Eier, Milch und Milchprodukte
lakto-vege-tarisch	Fleisch, Fisch und andere Meerestiere, Eier sowie alle daraus gewonnenen Lebensmittel	pflanzliche Lebensmittel, Milch und Milchprodukte
ovo-vege-tarisch	Fleisch, Fisch, Milch und Milchprodukte und alle daraus gewonnenen Lebensmittel	pflanzliche Lebensmittel, Eier

Vegane Ernährung

Vegan lebende Menschen verzichten auf sämtliche tierische Produkte, auch auf Stoffe, die von Tieren hergestellt werden, wie zum Beispiel Honig. Aber auch Zusatzstoffe wie Aromen, Medikamente und Nahrungsergänzungsmittel tierischen Ursprungs werden vermieden. Viele verzichten zudem auf Kleidung und Gebrauchsgegenstände, die aus tierischen Materialien wie Leder oder Wolle hergestellt wurden. **An dieser Stelle möchten wir anmerken, dass eine klassische Trennung und ein Schubladendenken nicht zielführend sind, wir diese Kategorisierungen aber für das bessere Verständnis dennoch vorstellen. Es gibt natürlich auch vegetarisch lebende Menschen, die auf Materialien tierischen Ursprungs verzichten.**

Auch eine vegane Ernährung ist gesundheitlich und insbesondere klimabezogen von Vorteil. Hier muss aber vermehrt auf die Zufuhr wichtiger Nährstoffe wie beispielsweise Eiweiß, Aminosäuren, Vitamin D, Vitamin B12, Vitamin B2, Calcium, Eisen, Jod, Zink, Selen und Omega-3-Fettsäuren geachtet werden. Viele extra für die pflanzenbasierte Ernährung hergestellte Lebensmittel haben viele dieser Nährstoffe bereits zugesetzt. Eine ausgewogene Ernährung kann die benötigte Menge an lebenswichtigen Nährstoffen decken.

Problem 1: Fleisch
Wasserverbrauch und -verschmutzung

Über 70 % des Süßwasserverbrauchs entfällt auf die Nutzung durch die Landwirtschaft. Mehr als die Hälfte der Getreideernte wird an Tiere verfüttert und etwa 70 % der weltweiten landwirtschaftlichen Flächen für den Anbau von Tierfutterprodukten verwendet.

In Brasilien wurden in einer Amazonasregion Regenwälder und Buschland abgeholzt, um Soja anzubauen – auf einer Fläche so groß wie Deutschland. Das Problem: Aus den betroffenen Gebieten speisen sich zahlreiche Flüsse. Die dort angepflanzten Sojabohnen werden in Deutschland in der Massentierhaltung als billiges Futtermittel eingesetzt. Dadurch importiert Deutschland 2 Billionen Liter virtuelles Wasser aus Brasilien.

Die Massentierhaltung ist in Bezug auf die Belastung von Gewässern hochproblematisch. Sie zerstört empfindliche Frischwasser-Ökosysteme und führt zu einer Trink- und Grundwasserverschmutzung. Denn in der Massentiertierhaltung leben viele Tiere auf engstem Raum. Sie erhalten zur Vermeidung von Krankheiten Antibiotika und andere Medikamente, und diese gelangen dann über die Ausscheidungen in Form von Düngemittel auch in unser Trink- und Grundwasser (siehe auch das Kapitel "Der Wasserverbrauch in der Lebensmittelproduktion" ab S. 42).

> Für 200 Gramm Fleisch werden etwa 3000 Liter Wasser verbraucht. Vergleich: Beim Duschen nutzen wir etwa 30 Liter Wasser. Mit dem Wasser, das für einen Hamburger mit 200 Gramm Fleisch benötigt wird, kann man 3 Monate lang duschen. Kommt man also auf die Idee, sparsamer zu duschen, macht man die Einsparung mit dem Konsum von 200 Gramm Fleisch wieder zunichte.

Tierhaltung

Etwa 14,5 % des von Menschen gemachten Klimawandels geht auf das Konto der Tierhaltung. Das unabhängige Worldwatch Institute schätzt den Anteil sogar auf mindestens 51 %. Die Zahlen sind abhängig davon, wie umfassend die Aspekte Landnutzung, Verdauung der Tiere, Düngung und Produktionsketten betrachtet wurden.[54]

Die Tierhaltung erzeugt 65 % des Gesamtausstoßes an Stickoxiden, was 296-mal schädlicher ist als CO_2.

CO_2

Die Herstellung von tierischen Produkten verursacht 32,6 Milliarden Tonnen CO_2. Um diese Zahlen zu veranschaulichen: Bei der Produktion von einem Kilo Rindersteak entstehen genauso viele Treibhausgase wie bei einer 250 Kilometer langen Fahrt mit dem Auto. Bis 2040 ist davon auszugehen, dass der CO_2-Ausstoß weltweit um weitere 20 % zunehmen wird, der der Tierhaltung bis 2050 um 80 %.

Methan

Methan ist für 44 % der gesamten Treibhausgasemissionen verantwortlich und rund 68 % schädlicher als das CO_2 der Fahrzeuge.[55] Zu Methan-Emissionen kommt es bei der Gewinnung, Förderung und Verteilung von Brennstoffen und auf Abfalldeponien; Methan entsteht aber auch in kleinen Mengen bei Verbrennungsprozessen im Straßenverkehr und in stationären Anlagen sowie in ganz kleinen und daher vernachlässigbaren Mengen in der Eisen-, Stahl- und Tempergussherstellung und in der Erdölverarbeitung; zudem entsteht Methan in Abwasser- und Klärschlammbehandlungen, aber auch in der Verwertung von

Klärschlämmen in der Landwirtschaft. Doch die Nutztierhaltung ist mit 65 % die größte Emissionsquelle für Methan: Während der Verdauung stoßen Rinder große Mengen Methan aus. Ein Großteil davon landet in der Atmosphäre, ein weiterer Teil in Form von Gülle auf den Feldern. Dort entsteht dann Lachgas. Lachgas ist nochmal 300-mal schädlicher als CO_2.[56]

Zwar gingen von 1990 bis 2021 die Methan-Emissionen in Deutschland insgesamt von 2,8 Millionen Tonnen auf 1,9 Millionen Tonnen zurück, doch lag das überwiegend an Veränderungen in den Bereichen Abfalllagerung und Brennstoffe, zum Beispiel durch die sinkende Kohleförderung. In den neuen Bundesländern wurden die Tierbestände verkleinert, sodass es auch zu einer leichten Reduzierung der Methan-Emissionen in der Landwirtschaft kam.[57]

Die insgesamt aber steigenden Viehbestände haben seit 2006 mehr Treibhausgase erzeugt als sämtliche Transportwege aller Autos, Laster, Flugzeuge, Schiffe, Züge etc. zusammen. Bei einer Reduzierung des Methanausstoßes könnte der Methangehalt in der Atmosphäre innerhalb von einigen Jahrzenten absinken. Im Vergleich dazu: Bei CO_2 sind die Reduzierungen erst nach etwa 100 Jahren messbar.[58]

Weidehaltung besser für das Tier, aber nicht für den Planeten

Es wird immer wieder darauf hingewiesen, dass Weidehaltung besser für das Tier ist. Das stimmt. Aber für den Planeten ist es nicht besser. Warum? Durch die Fütterung von Getreide sind Tiere in der Massenhaltung schneller schlachtreif. Ein Schwein ist schlachtreif, wenn es 110 bis 120 Kilo erreicht hat, was etwa fünf bis sechs Monate dauert.[59]

Rinder werden im Alter von etwa 15 bis 18 Monaten geschlachtet, wenn sie 200 bis 250 Kilo schwer sind. Jungbullen sind bei der Schlachtung etwa 18 Monate alt und wiegen zwischen 550 und 650 Kilo.[60] Zum Vergleich: Weiderinder werden mit etwa 23 Monaten, also etwa 8 Monate später als Rinder aus der Massentierhaltung, geschlachtet. Ein Rind frisst etwa 64 bis 68 Kilo Futter und trinkt 115 bis 150 Liter Wasser täglich. Für den Planeten bedeutet eine Weidehaltung daher eine 8 Monate längere Viehhaltung: 8 Monate mehr Wasserverbrauch, 8 Monate mehr Futterverbrauch und 8 Monate lang mehr Ausscheidungen von Exkrementen.

Problem 2: Soja

Oft wird als Argument gegen eine pflanzenbasierte Ernährung angeführt, dass diese den Regenwald zerstört. Fakt und unbestritten ist, dass für den Sojaanbau täglich mehrere Quadratkilometer gerodet werden und dass das ein sehr großes Problem darstellt. Dabei wird aber vergessen, dass nur etwa 20 % der Sojaerzeugnisse für die Ernährung des Menschen genutzt werden und 80 % für die Herstellung von Tierfuttermittel und Aquakultur. Zwischen 1960 und 2009 ist die Sojaproduktion fast um das Zehnfache gestiegen (von ca. 24 Millionen auf über 230 Millionen Tonnen): Die Anbaufläche wurde von 24 Millionen Hektar im Jahr 1960 auf fast 100 Millionen Hektar im Jahr 2009 ausgeweitet.[61]

91 % der Amazonasregenwälder werden durch die Nutztierhaltung zerstört. Jede Sekunde wird eine Fläche, die so groß ist wie ein Footballfeld (100 mal 50 Meter), abgeholzt. Dadurch sterben jeden Tag fast 100 Pflanzen- und Tierarten aus.[62]

IN DEUTSCHLAND SELBST WERDEN 60 % DER LANDWIRT-SCHAFTLICHEN FLÄCHE FÜR FUTTERMITTEL FÜR RINDER, SCHWEINE UND ANDERE TIERE VERWENDET UND NUR 20 % FÜR DIE PRODUKTION PFLANZLICHER NAHRUNG FÜR UNS MENSCHEN.[63]

Problem 3: Fische und Weltmeere

Die Artenvielfalt im Meer steht kurz vor dem Kollaps. Es findet gerade das größte Tieraussterben seit 65 Millionen Jahren statt. 3/4 der Fischbestände sind überfischt – etwa 28 Milliarden Tiere werden jährlich aus dem Meer gezogen – oder stehen kurz davor. Gesunde Fischbestände gibt es kaum noch. Wenn sich nichts ändert, wird es 2048 keinen Fisch mehr geben. Für jedes Pfund gefangenen Fisch geht bis zur fünffachen Menge Beifang mit drauf, darunter Delfine, Wale, Haie und Schildkröten! **Das wäre so, als würden in Afrika, wenn man eine Antilope fangen wollte, ein Löwe, eine Giraffe, ein Strauß und ein Elefant mitgefangen.**

Gülle ist auch für die Meere ein Problem. Stickstoffausschwemmungen gelangen ins Grundwasser, in die Flüsse und so ins Meer, wo sie dann ganze Todeszonen entstehen lassen. 250 000 Quadratkilometer sind ohne jegliches Leben. Viehhaltung an Land darf daher auf keinen Fall außer Acht gelassen werden, wenn es um die Rettung der Weltmeere geht.[64]

Problem 4: Weltbevölkerung

Wildlebende Tiere haben vor 10 000 Jahren 99 % der Biomasse ausgemacht, der Mensch lediglich 1 %. Heute machen Mensch und Viehzucht 98 % der Biomasse aus, wildlebende Tiere 2 %.[65] Für die Nutztierhaltung werden immer mehr wildlebende Tiere getötet. Zum einen, weil deren Lebensraum zum Anbau von Futtermitteln benötigt wird, zum anderen, weil sie als Gefahr gesehen werden, zum Beispiel freilebende Wölfe – sie werden getötet, weil sie Tiere auf Weiden reißen könnten.[66]

Im Jahr 1812 lebten eine Milliarde Menschen auf dem Planeten, im Jahr 1912 bereits 1,5 Milliarden, 2012 waren es 7 Milliarden. Anfang 2020 lag die Zahl bei 7 798 407 840 Menschen.[67] Auf die aktuelle Bevölkerung kommen 70 Milliarden Nutztiere.[68]

Die Menschheit trinkt täglich 21 Milliarden Liter Wasser und verzehrt 9,5 Milliarden Kilo Nahrungsmittel. Rinder trinken 170 Milliarden Liter Wasser und fressen 15,9 Milliarden Kilo Futter. Daran wird deutlich, dass die Tierhaltung das größte Problem ist, da sie viel mehr Wasser und Nahrung verbraucht als der Mensch.

Weltweit hungern eine Milliarde Menschen. Denn 50 % der weltweiten Getreide- und Hülsenfruchtproduktionen werden für die Viehzucht genutzt.[69] 82 % der weltweit hungernden Kinder leben in Regionen, in denen der Anbau für die Tierernährung vorgesehen ist und in reiche Länder wie USA, England oder Deutschland exportiert wird.[70]

Problem 5: Gesundheit

Der Konsum von tierischen Produkten verursacht immense Kosten im Gesundheitsbereich. Ein hoher Fleischkonsum erhöht das Risiko für Bluthochdruck und andere Herz-Kreislauf-Erkrankungen, bestimmte Krebsarten (zum Beispiel Darmkrebs) und Diabetes.[71] In den USA beläuft sich die Summe der Folgekosten dieser Erkrankungen auf 414 Milliarden Dollar.[72]

Bei einer pflanzenbasierten Ernährung enthält die Nahrung viel Obst, Gemüse, Vollkorn, Bohnen und Hülsenfrüchte. Sie ist reich an Vitaminen, Mineralien, ungesättigten Fettsäuren und Ballaststoffen. Arm ist sie hingegen in der Energiedichte sowie an gesättigten Fettsäuren, industriellem Zucker und Salz. Diese Lebensmittel senken somit das Risiko für die genannten Erkrankungen. Menschen, die sich vegetarisch oder vegan ernähren, leiden seltener an Übergewicht, Bluthochdruck und erhöhten Blutfettwerten. Sie bekommen seltener Herz-Kreislauf-Erkrankungen und Diabetes. Man muss aber auch anmerken, dass Menschen, die sich (überwiegend) pflanzlich ernähren, im Durchschnitt weniger Alkohol trinken, seltener rauchen oder Genussmittel und Drogen zu sich nehmen. Es ist also auch die grundsätzliche gesündere Lebensweise, die sich auf die Gesundheit insgesamt auswirkt.

5 Probleme, 1 Lösung?

Wenn die gesamte Weltbevölkerung weniger Fleisch essen und ein Großteil auf eine pflanzenbasierte Ernährung umstellen würde, könnten alle Felder, auf denen gentechnisch verändertes Getreide, Mais und Soja angebaut wird, in Wälder zurückverwandelt werden, die unserer Luft CO_2 entziehen und es speichern. Ein weiterer positiver Effekt wäre die Rückkehr der Wildtiere. Und durch den Verzicht von Fleisch wären die Flüsse und Meere sauberer und die Menschheit gesünder. Auch könnten so pflanzliche Nahrungsmittel für Menschen angebaut werden, sodass weltweit weniger Menschen hungern müssten.

Es ist wichtig, neben dem CO_2-Problem gleichzeitig das Methan-Problem zu lösen, denn Hungersnöte und globale Erwärmung lassen sich nicht allein durch eine CO_2-Einsparung stoppen. Der Effekt der Methan-Reduzierung würde sich sehr schnell zeigen.

> Kein anderer Lebensstil hat einen weitreichenderen und positiveren Einfluss auf das Leben als eine pflanzenbasierte Ernährung. Bei einem bewussteren Leben und Konsum darf es also nicht nur um eine CO_2-Einsparung und Müllreduzierung gehen, sondern das Ziel muss auch eine Reduktion unseres Konsums tierischer Lebensmittel sein.

GERÄTE & KÜCHENHELFER

Die Küche ist der Raum, den wir mit am meisten nutzen: Hier frühstücken wir, bereiten unsere Speisen für Schule, Arbeit und Ausflüge zu, kochen, essen gemeinsam und verbringen auch sonst viel Zeit. Daher wird hier auch eine Menge an Strom verbraucht. In diesem Kapitel möchten wir dir Energiespartipps geben und zeigen, wie du deine Geräte effizient nutzen kannst. Außerdem soll es hier auch um all die anderen wertvollen Küchenhelfer gehen, von Brotdose bis Pfannenwender.

MEINE GERÄTE EFFIZIENT NUTZEN

Von der Lampe über den Geschirrspüler bis zur Mikrowelle: Es lohnt sich, genauer hinzusehen und zu vergleichen, bevor man kauft. Und auch bei der Benutzung gibt es so manches, das helfen kann, Strom zu sparen und die Umwelt zu schonen.

Leuchtmittelvergleich

Wenn wir viel Zeit in der Küche verbringen, nutzen wir natürlich auch häufig das Licht. Leuchtmittel stellen daher eine wichtige Komponente in Sachen Stromsparen und Nachhaltigkeit dar. Die Küche ist bei uns der Raum, in dem am Tag am längsten das Licht brennt. Wir haben in unserer Küche elf Spotleuchten an der Decke. Diese waren schon eingebaut, als wir eingezogen sind. Zuerst haben wir die Glühbirnen durch Energiesparlampen ersetzt und sind später, als die Energiesparlampen nach und nach defekt wurden, auf LED-Lampen umgestiegen. Uns war es wichtig, zuerst das Vorhandene aufzubrauchen. Doch in Anbetracht der vergangenen Energiekrise und weltweiten Entwicklungen kann es mittlerweile auch vorher sinnvoll sein, Leuchtmittel auszuwechseln.

LED (Lichtemittierende Dioden) haben im Inneren einen Halbleiter-Kristall – einen LED-Chip –, der mithilfe eines Golddrahtes elektrisch unter Spannung gesetzt wird. Hierdurch entsteht Licht, das durch eine den Draht umgebene Kunststofflinse verteilt wird.

Manche Hersteller werben bei LED-Lampen mit bis zu 50 000 Stunden Brenndauer, realistisch sind 20 000 bis 25 000 Stunden. LED-Lampen gibt es mittlerweile in allen gängigen Farben, Größen und Formen.

Die Industrie arbeitet bereits an den Nachfolgern der LED-Lampen, den sogenannten **OLEDs** (organische LEDs). Diese kommen komplett ohne seltene Erden, die bei normalen LEDs benötigt werden, aus und arbeiten mit extrem dünnen Folien oder Glasscheiben. Gerade im Bereich Display, Monitor oder Fernseher sieht man hier die Zukunft. Im Automobilbereich werden sie teilweise auch schon eingesetzt. Allerdings sind Lichtausbeute und Haltbarkeit noch verbesserungswürdig.

Energiesparlampen (Kompaktleuchtstofflampen) haben im Inneren einen Leuchtstoffkörper, in dem unter Einwirkung von Strom Quecksilberatome auf Elektronen treffen, wodurch UV-Licht entsteht. Dieses wird mittels einer Phosphorbeschichtung an der Außenwand als dann sichtbares Licht abgestrahlt. Energiesparlampen haben eine Brenndauer von ca. 10 000 Stunden und damit nur halb so viel wie LED-Lampen.

> Im Vergleich zu den alten Glühfadenbirnen sind LED und Energiesparlampen viel energiesparender. Das Manko ist aber: Energiesparlampen beinhalten Quecksilber, und für die Produktion von LED-Lampen werden seltene Erden gebraucht.

Die **Helligkeit** in Watt anzugeben ist heute nicht mehr gebräuchlich. Heute ist die Einheit Lumen (lm) üblich. Eine Kerze hat ungefähr eine Helligkeit von 12 lm, eine alte 40 Watt-Glühbirne 500 lm; 75 Watt entsprechen ca. 1000 lm. Glühbirnen und Energiesparlampen haben eine schlechtere Lichtausbeute.

Die **Energieeffizienz** wird, genau wie bei Elektrogeräten, in einem standardisierten EU- Energielabel ausgewiesen. Seit 2021 gibt es nur noch die Klassen A bis G ohne Pluszeichen. Bis dahin reichte die Skala von A+++ bis E, wobei A+++ die sparsamste Variante darstellte und E für den höchsten Energieverbrauch stand. LEDs und Energiesparlampen wurden meist in A+ oder A++ eingestuft, Halogenlampen oft in D oder E.

Waren LED vor 2021 mit A+ oder A+++ deklariert, sind sie nun mit der Energieklasse D bis F ausgewiesen: Man hat die LED-Leuchtmittel heruntergestuft, um die Hersteller zu motivieren, neue, noch energiesparendere Versionen zu entwickeln und auf den Markt zu bringen. Lichtquellen mit 210 lm fallen in die Klasse A. Mit Abstufungen von 25 lm je Klasse fängt die letzte Klasse G bei <85 lm an.

 Mehr Informationen zu den neuen Energieeffizienzklassen findest du ab S. 105 sowie unter dem nebenstehenden QR-Code.

LED versus Energiesparlampe: Energiesparlampen haben gegenüber LED-Lampen den Nachteil, dass sie nach dem Einschalten erst einige Sekunden benötigen, bis sie ihre volle Helligkeit erreichen. Bei Kälte wird dieser Effekt noch verstärkt, und darunter leidet die Haltbarkeit. Hinzu kommt bei den Energiesparlampen, dass sie sich meistens nicht dimmen lassen.

LED-Lampen haben den großen Vorteil, dass sie beim Einschalten direkt ihre volle Helligkeit erreichen. Zudem sind die meisten Modelle auch dimmbar – dies ist auf der Verpackung vermerkt. Auch was die Schaltfestigkeit (Ein- und Ausschalten) angeht, liegen LEDs vorne. Energiesparlampen überstehen mittlerweile auch mehr Schaltzyklen, sind aber immer noch nicht so robust wie LED-Lampen.

Stromverbrauch ist ein großer Faktor, was CO_2-Emissionen anbelangt. LED-Lampen haben die längste Haltbarkeit, verbrauchen im Verhältnis zur Lichtausbeute den wenigsten Strom und enthalten kein Quecksilber. Sie belasten die Umwelt im Vergleich zu Halogenlampen ungefähr drei- bis fünfmal weniger.

Im Internet gibt es verschiedene **Kostenrechner**, in denen man sich genau ausrechnen kann, wie viel Sparpotenzial in einer LED-Lampe steckt. Eine LED-Lampe kann im Vergleich zu einer Halogenlampe bis zu 83 % Kosten sparen (20 000 Stunden

Brenndauer). Wir wollen es am Beispiel unserer elf Decken-Spotlights in der Küche deutlich machen. Der Wechsel von Halogen- auf LED-Lampen hat uns bei einer durchschnittlichen Brenndauer von ca. zwei Stunden täglich folgende Ersparnis eingebracht (Stand 2. August 2022):

Unser jährliches Einsparpotenzial

Kilowatt-stunden	Kosten	CO_2-Ausstoß
573 kWh	173 Euro	308 kg

Die Menge ist äquivalent zu ...

km Auto fahren	ca. 1692 km

Die Kosten für die LED-Lampen haben sich schnell amortisiert. Wir empfehlen jedoch, alte Leuchtmittel in den Räumen zunächst aufzubrauchen, zumindest in den Räumen, in denen du dich wenig aufhältst bzw. wo das Licht am wenigsten eingeschaltet ist.

Öko-Programme

Insbesondere Großgeräte in der Küche, wie Spülmaschine oder Waschmaschine, sind meistens mit einem oder mehreren Eco-/Ökoprogrammen ausgestattet. In der Regel verbraucht das Erwärmen des Wassers die meiste Energie: Bei den Ökoprogrammen wird die Temperatur meist gesenkt, gleichzeitig aber der Faktor Zeit erhöht. Vergleichbar ist das mit einem Auto: Fahre ich mit 200 km/h anstatt mit 100 km/h über die Autobahn, bin ich früher am Ziel, verbrauche aber mehr Kraftsoff. Fahre ich hingegen mit 100 km/h, brauche ich zwar länger, spare aber Kraftstoff. Bei Spülmaschinen sind es meist keine großen

Beträge, die gespart werden können, weil sie meistens ohnehin schon sehr effizient arbeiten. Hier liegt das Sparpotenzial bei ca. 4 Cent je Spülgang. Ist die Spülmaschine jedoch älter, können es bis zu 13 Cent sein.

Bei Waschmaschinen liegt das Einsparpotenzial bei 10 bis 60 % je Waschgang – je nach Modell. So oder so wird durch die Nutzung von Ökoprogrammen Energie gespart.

Seit 2021 muss jedes Gerät auf dem Energie-Etikett einen QR-Code enthalten, über den Verbraucher:innen weitere Informationen zum Gerät aus der europäischen Produktdatenbank ERPEL erhalten können.

 Über den nebenstehenden QR-Code kommst du zudem auf eine Webseite, auf der du einzelne Kosten vergleichen kannst. Hier kannst du Betriebskosten, zum Beispiel für Strom und Wasser, eingeben, um leichter herauszufinden, welches Gerät langfristig günstig ist.

Spülmaschine nutzen oder von Hand abwaschen?

Eine Spülmaschine verbraucht im Vergleich zum Handabwasch ca. 50 % weniger Wasser und 28 % weniger Energie: Bei einer Spülmaschinenreinigung werden etwa 15 Liter Wasser benötigt, beim Handabwasch 46 Liter. Allerdings hat ein Geschirrspüler auch Nachteile: Hartnäckige Verschmutzungen, wie sie zum Beispiel in Töpfen oder Pfannen vorkommen, lassen sich besser per Hand reinigen. Auch ist nicht jedes Geschirr für eine Spülmaschine geeignet. Geschirrspüler benötigen auch mehr Chemie zum Reinigen als eine Handwäsche. Möchte man die ökologische Gesamtbilanz berechnen, spielen die Haushaltsgröße, die Art der Verwendung, das verwendete Reinigungsmittel und seine Dosierung, Ausstattung und Typ des Geschirrspülers sowie das Verhalten des Benutzers eine Rolle: Für einen Einpersonenhaushalt zum Beispiel lohnt sich eine Spülmaschine oft nicht und Abwaschen per Hand ist kostengünstiger. Hinzu kommen noch der Energie- und Wasserverbrauch und die Rohstoffe, die zur Herstellung und zum Transport der Spülmasche sowie für die spätere Entsorgung aufgebracht werden müssen.

Moderne Spülmaschinen können den Sauberkeitszustand des Geschirrs messen und entsprechend ihr Spülprogramm anpassen. Deswegen sollte das Geschirr vorab nicht unter fließendem Wasser vorgereinigt werden (nur grobe Reste sollten entfernt werden), sondern lieber direkt in die Spülmaschine gegeben werden.

Zusätzlich zu dem in der Spülmaschine befindlichen Salz und Klarreiniger (je nach Wasserhärte) muss hochwertiges Spülmittel hinzugegeben werden: Spültab oder Pulver. Das Salz beugt einer Kalkbildung speziell an den Gläsern vor. Klarspüler sollte selbst bei „All in"-Tabs verwendet werden, weil der Klarspüler in den Tabs oft nicht komplett durch alle Spülgänge bis zum Ende weitergegeben wird, sondern sich meist viel zu früh in der Maschine auflöst.

Da die Spülmaschine den Großteil ihres Energieverbrauches zum Erwärmen des Spülwassers aufwenden muss, macht es durchaus Sinn, sie direkt an den Warmwasseranschluss anzuschließen, die Zuleitung sollte nur möglichst kurz sein, damit möglichst wenig Energie verloren geht. Ist die Warmwassererzeugung, wie bei uns, zusätzlich durch eine Solaranlage gewährleistet, steigt die Ökobilanz der Spülmaschine noch weiter. Wir haben, als wir im Oktober 2022 unsere neue Küche bekommen haben, die Spülmaschine direkt am Warmwasseranschluss angeschlossen. Welche

Kosten wir dabei sparen, können wir jetzt noch nicht sagen, werden aber auf unserem Blog (siehe QR-Code) darüber berichten.

Tipps zur ökologischen Nutzung der Spülmaschine

- Stelle die Spülmaschine erst dann an, wenn sie komplett gefüllt ist – nur dann arbeitet sie energieeffizient. Bei vielen läuft die Maschine nur halbvoll – das ist ökologisch nicht sinnvoll.
- Räume deine Spülmaschine richtig ein: Weniger verschmutztes Geschirr wie Gläser oder Schüsseln kommen nach oben und die stärker verschmutzten Gegenstände nach unten. Geschirr sollte nicht zu eng platziert werden, damit genügend Raum für das Wasser zur Reinigung bleibt. Probiere aus, wie du dein

Geschirr am effektivsten einräumen kannst und am meisten unterbringst.

- Achte auf Plastikgeschirr: Manches Plastikgeschirr darf nicht in die Spülmaschine, und zu viel Plastikgeschirr verringert die Trocknungsleistung des Geschirrspülers.
- Dosiere das Spülmittel richtig und benutze das passende Spülmittel. Spülmittel in Pulverform lässt sich einfacher dosieren als Tabs und zudem quantitativ an die zu reinigende Menge anpassen.
- Nur wenn etwas extrem verschmutzt ist, sollte es vorgespült werden.
- Wasche nicht zwischendurch mal eben einen Teller, ein Glas oder eine Tasse mit der Hand. Das ist ein unnötiger Wasserverbrauch.
- Kurz- und Schnellprogramme sind zu vermeiden, weil sie einen hohen Energieverbrauch haben.
- Einmal im Monat bei 65 °C waschen beugt Fettablagerungen vor.
- Reinige deine Spülmaschine regelmäßig. Die Spülgänge verlängern sich durch verstopfte Siebe und verbrauchen mehr Energie.
- Schalte die Spülmaschine nach Benutzung aus und lasse sie nicht im Standby-Modus.
- Eine Spülmaschine sollte nicht neben einem Kühlschrank aufgestellt werden. Denn die Spülmaschine gibt beim Betrieb viel Wärme ab, wodurch der Kühlschrank mehr Energie benötigt, um seinen Inhalt zu kühlen.
- Achte beim Neukauf auf das Energielabel und auf die Energieeffizienzklasse (siehe dazu auch ab S. 105)

Energiesparen beim Nutzen des Backofens

Wir alle kennen die Angaben in Rezepten, dass der Backofen vorgeheizt werden soll. Bei sehr vielen Lebensmitteln macht das wenig Sinn. Tatsächlich gibt es nur wenige, empfindliche Backwaren und Lebensmittel, bei denen ein Vorheizen nötig ist, zum Beispiel Fleisch und Fisch, Biskuit oder Brandteig. Bei anderem, zum Beispiel bei Tiefkühlpizza, ist es ausreichend, das Essen zuerst in den Ofen zu geben und diesen erst dann anzustellen. Schließlich spart man ohne Vorheizen bis zu 20 % Energie.

Warum werden diese Angaben trotzdem immer noch auf die Produkte und in die Rezepte gedruckt? Damit wird das Problem umgangen, dass jeder Ofentyp unterschiedlich lange für das Aufheizen braucht. Dies hängt auch maßgeblich von der Umgebung ab, in der der Ofen steht. Wenn die Backzeit erst ab dem Punkt zählt, wenn der Ofen die eingestellte Temperatur erreicht hat, sollten die Ergebnisse immer relativ identisch sein.

Hier dieser und noch weitere Tipps als Übersicht:

- Vorheizen ist nur bei empfindlichen Speisen wie zum Beispiel Fleisch, Fisch und Biskuit notwendig. Wenn man darauf verzichtet, kann das bis zu 20 % Energie sparen.
- Nutze lieber Heißluft oder Umluft. Gegenüber Ober- und Unterhitze werden bis zu 30 °C niedrigere Temperaturen benötigt. Durch die Zirkulation im Ofen kann zudem auf mehreren Ebenen gleichzeitig gebacken werden.
- Nutze die Restwärme des Ofens. Das ist für etwa 15 Minuten nach dem Backende möglich.
- Öffne die Ofentür nur selten oder gar nicht, damit die Wärme im Ofen verbleibt.
- Wenn du nur sehr geringe Mengen zu Backen hast, wie zum Beispiel zwei Brötchen, nutze lieber den Toaster oder die Mikrowelle.

> Ein Herd benötigt übrigens bis zu viermal weniger Energie als ein Ofen.

Tipps für den Neukauf eines Backofens

- Achte auf Energielabel: Frühere A+++-Klassen gehören in die Labelgruppe B. Man kann allerdings die früheren Klassen nicht einfach in die neuen Gruppen umrechnen, weil mit der angepassten Skalierung auch neue Verfahren zur Messung des Energieverbrauchs einhergehen. Während für Kühlschränke und Gefrierschränke, Waschmaschinen, Geschirrspüler und Wäschetrockner sowie Lampen und Leuchten die neuen Label A bis G gelten, gibt es für Backofen bisher nur die alten Klassen.
- Wenn du ein Set, bestehend aus Backofen und Herd kaufst, bezieht sich die Einstufung auf dem Energielabel immer nur auf den Backofen.
- Vergleiche auch die absoluten Werte, da sie sich auch auf die Backraumgröße beziehen.
- Ideal ist bei Backöfen ein Volumen von 45 bis 65 Liter. Der Verbrauch liegt hier bei sparsamen Backöfen bei weniger als 0,9 kW/h pro genormtem Backvorgang bei Ober- und Unterhitze.
- Dreifach verglaste Ofentüren sind am besten isoliert und halten die Wärme daher gut.
- Energiesparfunktionen im Backofen sind meist nicht sehr effektiv. Oft wird in diesen Programmen die Hitzezufuhr unterbrochen. Daher liegt die Ersparnis nur bei gut 2 bis 5 %.
- Verzichte auf die Pyrolysefunktion. Der Backofen heizt hier auf bis zu 500 °C auf und zerbröselt so den anhaftenden Fettschmutz im Garraum. Aus Energiesparsicht ist diese Funktion nicht zu empfehlen, da pro Reinigungsvorgang Kosten von bis zu 1,30 € entstehen. Besser darauf achten, dass der Garraum möglichst eben und glatt ist – so lässt er sich gut reinigen.

> Als wir uns unsere neue Küche gekauft haben, haben wir extra darauf geachtet, dass er innen mit Emaille beschichtet ist und möglichst glatte Innenwände zum Reinigen hat. Unser neuer Backofen hat eine Hydrolyse-Funktion. Dabei reinigt sich die Rückwand des Backofens bei 200 °C automatisch. Es sind keine so hohen Temperaturen wie bei der Pyrolysefunktion notwendig.

Energiesparen beim Nutzen des Herds

- Nutze einen Schnellkochtopf bei größeren Mengen oder Speisen mit längerer Garzeit. Das kann bis zu bis zu 50 % Energie und Zeit sparen.
- Benutze zu den Platten passende Töpfe. Verbeulte oder von der Größe her nicht zu den Herdplatten passende Töpfe verbrauchen mehr Energie.
- Nutze für kleine Gerichte auch kleine Töpfe.
- Verwende Deckel. So senkst du den Energieverbrauch um das Drei- bis Vierfache.
- Gusseiserne Töpfe halten die Temperatur besser als Metalltöpfe, weshalb der Inhalt darin schneller kocht. Aber auch Schnellkochtöpfe verkürzen die Kochzeit – um ca. ein Drittel – und sparen dadurch viel Energie.
- Grundsätzlich ist es wichtig, auf hochwertige Produkte zu setzen, da sie eine bessere Leitfähigkeit haben und damit Energie sparen. Außerdem halten sie länger.
- Bevorzuge Dampfgaren. Je weniger Wasser erhitzt wird, desto weniger Energie wird verbraucht.
- Wenn du kleinere Wassermengen von bis zu 1,5 Liter benötigst, koche die Menge im Wasserkocher vor und gib sie dann in den Topf (siehe dazu auf der Folgeseite). Das spart ebenfalls Energie.

Tipps für den Neukauf eines Herds

- Für Kochfelder gibt es kein EU-Energielabel. Standard ist bei der Ausstattung Glaskeramik (Ceran®). Es wird weniger Masse als bei den gusseisernen Herdplatten von früher erwärmt, sodass sie weniger Energie verbrauchen.

- Glaskeramik-Kochfelder können als Induktions-, Infrarot- oder Halogen-Kochzonen beheizt werden.
- Induktionskochfelder sind in der Anschaffung etwas teurer, aber mit bis zu 40 % weniger Energieverbrauch im Vergleich zu Gussplatten am effektivsten und energiesparsamsten.

Induktion

Induktionsfelder erhitzen durch elektromagnetische Wechselfelder direkt den Topfboden. Das Kochfeld selbst bleibt fast vollständig kalt. Dadurch, dass sie direkt den Topfboden erhitzen statt die Herdplatte, sind sie schneller und präziser, weshalb es einerseits zu einem Zeitgewinn, andererseits dadurch zu niedrigeren Energiekosten kommt. Viele Aluminiumtöpfe oder Pfannen funktionieren allerdings nicht auf einem Induktionskochfeld. Das Kochgeschirr muss einen magnetischen Boden haben. Aber Vorsicht: Für Menschen mit Herzschrittmacher sind Induktionsherde nicht geeignet.

Infrarot- und Halogen-Kochfelder sind aus Energiesparsicht oft gleichwertig.

Wir haben uns mit unserer neuen Küche einen Induktionsherd gekauft und sind davon hellauf begeistert. Wasser müssen wir jetzt nicht mehr im Wasserkocher vorheizen. Das Kochen geht viel schneller, und wir sparen einiges an Zeit, Strom und dadurch bares Geld. Man muss sich in der Handhabung zwar umstellen, aber das geht schnell.

Wasser im Wasserkocher vorerhitzen oder direkt auf den Herd?

Es gibt viele Untersuchungen dazu, ob Wasser im Wasserkocher vorgeheizt werden oder direkt auf dem Herd erwärmt werden soll. Manche Vergleiche beziehen ein modernes Induktionskochfeld nicht mit ein. Es kommt tatsächlich darauf an, wie viel Wasser man erhitzen möchte. Möchte man weniger als 1,5 Liter Wasser erhitzen, sind Wasserkocher sogar effizienter als ein Induktionskochfeld. Im Vergleich zu einer herkömmlichen Herdplatte sind Wasserkocher immer effizienter.

Bei einer Herdplatte erwärmt sich zuerst die Platte, danach erwärmt sich erst der Topf und dann das darin befindliche Wasser. Dadurch entstehen viele Energieverluste und es dauert ein Vielfaches länger, vor allem, wenn man ohne Deckel kocht. Ein Wasserkocher heizt das Wasser direkt ohne große Energieverluste auf.

Hier dieser und noch weitere Tipps als Übersicht:

- Bei kleineren Wassermengen (bis etwa 1,5 Liter) ist der Wasserkocher dem Induktionsherd überlegen. Bei größeren Mengen ist der Kochtopf effektiver und sparsamer.
- Wasserkocher mit Temperaturregelung sparen Zeit und Energie.
- Bevorzuge Wasserkocher mit möglichst schneller Abschaltung bei Erreichung der Temperatur.
- Achte darauf, ob das Gerät womöglich im Standby Strom verbraucht, und ziehe notfalls den Stecker.
- Wasserkocher aus Stahlblech heizen sich mehr auf als solche aus Kunststoff.
- Nutze nur die Menge an Wasser, die du tatsächlich benötigst.
- Verwende möglichst Geräte, die keine Mindestmenge Wasser benötigen.
- Entkalke deinen Wasserkocher regelmäßig, ansonsten kann der Energieverbrauch steigen.

ES LÄSST SICH ENERGIE SPAREN, WENN DU DEN WASSERKOCHER AUSSTELLST, KURZ BEVOR DAS WASSER RICHTIG KOCHT. DENN DIE ABSCHALTAUTOMATIK SCHALTET DAS GERÄT MEIST ERST 20 BIS 30 SEKUNDEN DANACH AB.

Mikrowelle versus Herd/Ofen

Die Frage, ob es eine Mikrowelle oder ein Backofen in der Küche sein soll oder sogar beide Geräte, stellen sich heutzutage immer mehr Menschen. Moderne Mikrowellen vereinen zunehmend mehr Funktionen in einem kompakten Gerät: sei es grillen, backen, erwärmen oder Joghurt selbst herstellen. Dazu kommen noch die kompakten Außenmaße, der geringere Anschaffungspreis und die bessere Energieeffizienz gegenüber einem Backofen. Die Mikrowelle muss jedoch immer noch gegen das Vorurteil kämpfen, sie sei durch die Verwendung von elektromagnetischen Wellen bei der Erwärmung der Speisen gesundheitsschädlich. Die elektromagnetischen Wellen bringen die Wassermoleküle in den zu erwärmenden Speisen zum Schwingen und Erzeugen somit die benötigte Wärme. Bei modernen Geräten sind die Strahlungswerte aber völlig unbedenklich. Verschiedene Tests vom Bundesamt für Strahlungsschutz haben ergeben, dass im Mittel der Strahlungsaustritt bei gut 1 % des erlaubten Grenzwertes lagen. Vorsichtig sein sollte man jedoch mit seinen Augen: Man sollte während des Betriebs nicht direkt durch die Scheibe schauen, weil die Augen ansonsten dauerhaft geschädigt werden können.

Auch das Vorurteil, die Mikrowelle würde dem Essen Vitamine und Nährstoffe entziehen, konnten Tests entkräften. Einzig der Geschmack kann sich verändern, aber das könnte bei der Zubereitung durch Herd oder Backofen auch passieren. Dass man in der Mikrowelle nicht so leicht nachwürzen kann wie auf dem Herd, könnte auch zum Geschmacksunterschied beitragen.

Mikrowellen können bis zu 80 % weniger Energie verbrauchen als ein Backofen. Außerdem geht

WER SEINEN OFEN KENNT UND EIN AUGE AUF SEINE ZU BACKENDEN LEBENSMITTEL HAT, KANN SICH DAS VORHEIZEN UND SOMIT VIEL ENERGIE SPAREN.

das gleichmäßige Erwärmen schneller als auf dem Herd – zumindest auf einem Ceranfeld. Im Vergleich zu einem Induktions- oder Gasherd fällt der Faktor Zeit nicht ins Gewicht.

Es sollte immer das passende Programm gewählt werden. Bei modernen Mikrowellen kann man zwischen vielen Programmen wählen, darunter Umluft, Grill, Dampfgaren, Heißluft usw. Damit macht die Mirowelle dem Backofen große Konkurrenz. Der Backofen hat allerdings immer noch den großen Vorteil, dass sein Backraum größer ist und man somit größere Mengen Essen darin zubereiten kann. Komplett auf einen Ofen zu verzichten, ist für viele Menschen, insbesondere Familien, schwierig. Auch wir verzichten nicht darauf. Wir kennen jedoch Paare, die nur noch eine Mikrowelle haben. Wir sehen, wie sich alles im Wandel befindet.

> Es ist besser, wenige und dafür hochwertige und langlebige Küchengeräte und -utensilien zu besitzen als viele billige.

Qualität vor Quantität

Egal bei was: Bei der Neuanschaffung solltest du auf die Qualität und Energieeffizienz achten. Manchmal schrecken Preise von hochwertigen Produkten ab und man neigt dazu, die günstigere Variante zu kaufen. Doch dadurch kauft man oft zweimal oder öfter. Viele günstige Produkte sind leider nicht so lange halt- und nutzbar wie hochwertige, teurere Produkte. Also lieber gleich richtig investieren und dafür nur einmal. So spart man viel Geld, Müll und auch Nerven.

Zudem macht es Sinn, über Käufe vorher nachzudenken und sie zu planen. Spontankäufe können dadurch reduziert werden – und auch damit oft Müll.

Elektrogeräte richtig entsorgen

Elektroaltgeräte, die mit der durchgestrichenen Mülltonne gekennzeichnet sind, gehören nicht in den Hausmüll. Sie enthalten wertvolle Rohstoffe, die für die Herstellung neuer Elektrogeräte gebraucht werden können. Hierfür ist die richtige Entsorgung entscheidend. Sie können in örtlichen Sammelstellen oder sogar im Einzelhandel abgegeben oder in speziellen, von der Stadt aufgestellten Containern deponiert werden.

Quelle: Igor Tarasov/Fotolia

> Fachmärkte mit über 400 Quadratmetern Verkaufsfläche nehmen Elektrogeräte kostenlos zurück: bis zu fünf Geräte, wenn diese nicht länger als 25 Zentimeter sind, oder beim Neukauf eines Gerätes im Tausch.

#machsnachhaltig

WASSERSPAREN IN DER KÜCHE

Mittlerweile bemerken wir alle, spätestens seit dem Sommer 2022, wie sehr unsere Erde unter Trockenheit leidet: kahle Bäume im August, regionale Waldbrände, ausgetrocknete Flüsse und immense ökologische und auch wirtschaftliche Folgen.

> Es wird sich nicht bessern, wenn die Erderwärmung weiter steigt und wir nicht aktiv etwas dagegen tun.

Gerade in der Küche wird, u. a. beim Kochen, beim Abwasch und Reinigen von Obst und Gemüse, sehr viel Wasser benötigt und leider auch zu oft verschwendet. Sauberes Wasser ist in Deutschland fast allen Menschen zugänglich. In anderen Länger gab und gibt es während Dürreperioden immer wieder Restriktionen. Soll uns der offene Zugang zu Wasser bleiben, wollen wir der Natur etwas Gutes tun und auch Geld sparen, müssen wir achtsamer mit unserem Wasser umgehen. Wir können durch kleinere und größere Maßnahmen unseren Wasserverbrauch reduzieren. Durch moderne technische Geräte lässt sich dies noch verstärken. Hier ein paar Tipps:

- Entferne groben Schmutz von Obst und Gemüse zuerst mit einer Gemüsebürste.
- Spüle Gemüse und Obst in einem Sieb ab und stelle eine Schüssel darunter, um das Wasser aufzufangen. Dieses Wasser kann zum Blumengießen verwendet werden.
- Wasche Gemüse und Obst zusammen ab, um mehrere Durchgänge und somit Wasser zu sparen.

- Verbaue Luftsprudler oder Durchflussmengenbegrenzer im Wasserhahn; dadurch lässt sich der Wasserverbrauch verringern.
- Reduziere den Wasserdurchfluss direkt an den Eckventilen.
- Wenn warmes Wasser benötigt wird, kannst du das zuvor fließende kalte Wasser mit einer Gießkanne auffangen und zum Blumengießen nutzen.
- Schalte den Wasserhahn nur an, wenn du ihn brauchst, und sofort wieder aus, sobald du ihn nicht mehr brauchst.
- Nutze möglichst eine Geschirrspülmaschine – die kann bis zu 31 Liter Wasser gegenüber einer Handwäsche sparen.
- Musst du aber von Hand spülen, spüle möglichst viele Teile auf einmal. Wenn die Spüle mit mehr Geschirr gefüllt ist, braucht man weniger Wasser.
- Spüle mit wenig klarem Wasser nach.
- Spüle zuerst die Gläser und zum Schluss stark verschmutzte und verölte Pfannen/Töpfe, also immer von leichtem Verschmutzungsgrad zum starken.
- Ein Einhandmischer verbraucht gegenüber einem Zweihandmischer 50 % weniger Wasser, weil sich die Temperatur schneller regeln lässt.

- Repariere tropfende Wasserhähne direkt – hier kannst du auf das Jahr gerechnet hunderte Liter Wasser sparen.
- Nutze altes Trinkwasser aus Flaschen zum Gießen der Blumen.

SIEGEL & LABEL BEI ELEKTROGERÄTEN

Auf den Verpackungen neuer Elektrogeräte gibt es eine Vielzahl an unterschiedlichen Labeln und Siegeln. Einige beziehen sich auf die Effizienz und sagen aus, wie viel Energie und Wasser die Geräte im Schnitt verbrauchen. Andere beziehen sich auf Herkunft und Umwelt. Diese Geräte wurden in einem Labor getestet, die Ergebnisse spiegeln somit nicht zu 100 % die Alltagssituation wider. Sie sind aber im Vergleich aussagekräftig, da die unterschiedlichen Geräte gleich getestet wurden. Hier eine Übersicht der wichtigsten Label und Siegel, denen man bei Elektrogeräten begegnet:

Das CE-Zeichen ist im europäischen Raum für Elektrogeräte verpflichtend und gibt an, dass das Gerät in Hinsicht auf Produktsicherheit, elektromagnetische Verträglichkeit und Verzicht auf untersagte Rohstoffe den europäischen Richtlinien entspricht. Es ist in dem Sinne kein Qualitätssiegel, eher eine Voraussetzung dafür, dass das Gerät in Europa verkauft werden darf.

Oft findet man in Deutschland das Siegel „TÜV SÜD/Geprüfte Sicherheit". Es sagt aus, dass das Gerät den Anforderungen des § 21 des Produktsicherheitsgesetztes entspricht. Und das heißt, von den Geräten geht bei normaler Benutzung keine Gefahr aus. Es gibt allerdings keine Aussage über die Effizienz, den Umweltaspekt oder die Langlebigkeit. Im Gegensatz zu dem CE-Zeichen ist dieses Label eine freiwillige Deklarierung. Beim GS-Zeichen gibt es noch weitere Zusatz-Label, die eine Prüfung durch den TÜV SÜD zeigen.

Aussagekräftiger in Bezug auf die Energieeffizienz ist das EU Energy Label (hier beispielhaft für einen Geschirrspüler), das seit März 2021 eine komplett andere Klassifizierung aufweist. Die zuvor auf diesem Label enthaltenen +++ zur weiteren Abstufung gibt es nicht mehr. Stattdessen wird nur noch in die Klassen A bis G kategorisiert. Die Geräte werden wieder mehr und feiner in die einzelnen Klassen eingestuft, wodurch eine einfachere und schnellere Vergleichbarkeit gegeben ist. Durch die Neueinstufung sollen Hersteller animiert werden, effizientere Geräte zu entwickeln und auf den Markt zu bringen. Neue Messmethoden führten dazu, dass die Ergebnisse realistischer abgebildet sind als früher. Allerdings lassen sich jetzt Geräte mit der alten Einstufung und solche mit dem neuen Label nicht mehr miteinander vergleichen. Ein Gerät mit der alten

Einstufung A++ kann nun ein Gerät der Klasse D sein. Die Geräte werden dadurch allerdings nicht schlechter, sondern sind nur anders kategorisiert, und es ist in der Energieeffizienz noch Luft nach oben. Auf den neuen Labeln ist auch ein QR-Code abgebildet. Hierüber können sich Kund:innen weitere Informationen zu dem Produkt aufrufen. Die Piktogramme zu u. a. Lautstärke und Wasserverbrauch wurden überarbeitet und erneuert. Hierdurch erhalten Kund:innen mehr Informationen, die bei der Kaufentscheidung helfen können.

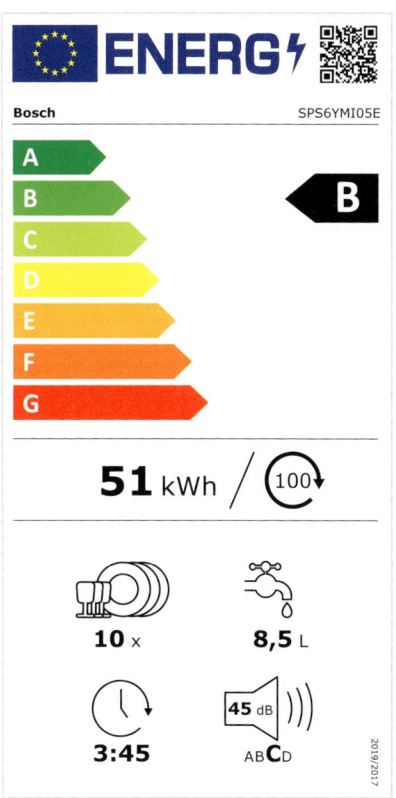

 Der Blaue Engel ist das deutsche Umweltzeichen und kennzeichnet seit über 40 Jahren umweltschonend hergestellte Produkte und ebensolche Dienstleistungen. Mittlerweile sind gut 20 000 Produkte und 1600 Unternehmen damit ausgezeichnet worden. Der Blaue Engel ist mit über 92% Bekanntheitsgrad in Deutschland so stark etabliert, dass er bei Kaufentscheidungen eine große Rolle spielt.

 Das FSC®-Label – FSC® steht für „Forest Stewardship Council®" – bescheinigt eine nachhaltige und regelkonforme Forstwirtschaft. Gesetze, Verordnungen, internationale Verträge und Vereinbarungen sind bindend. Arbeitnehmerrechte und Arbeitsbedingungen werden eingehalten und weiter verbessert. Es wird auf eine Nachhaltige Bewirtschaftung der Wälder geachtet: Was entnommen wird, wird entsprechend nachgepflanzt. Dieses Label bezieht sich nicht direkt auf die Elektrogeräte, sondern auf deren zertifizierte Umverpackung oder Transportsicherung.

 Das EU Ecolabel wurde 1992 von der EU Kommission ins Leben gerufen und kennzeichnet Produkte, welche im Vergleich zu herkömmlichen Produkten geringere Umweltauswirkungen haben. Firmen, die Produkte mit geringerer Umweltbelastung als andere anbieten, können sich für dieses Label zertifizieren lassen.

KÜCHENHELFER IM MATERIALCHECK

Die vielen Helfer in der Küche wie Kochlöffel, Schneebesen, Pfannenwender usw. gibt es in verschiedenen Materialien zu kaufen, wie Holz, Edelstahl, Kunststoff oder auch Silikon. Fragst du dich da manchmal auch, was das beste Material ist? Zumindest ging es uns lange so. Die Antwort darauf ist gar nicht so einfach, weil es auch auf die eigenen Ansprüche ankommt. Hier ein kleiner Vergleich der Materialien und der Vor- und Nachteile und im Anschluss zwei Beispiele aus unserem Alltag!

Küchenhelfer aus Edelstahl

Vorteile

- so gut wie unverwüstlich
- nimmt keine Farbe an
- leicht zu reinigen
- spülmaschinenfest

Nachteile

- zerkratzt gerne beschichtete Töpfe und Pfannen
- ohne Isolierung Erwärmung beim Kochen

Küchenhelfer aus Silikon/Kunststoff

Vorteile

- weiches Material – hinterlässt keine Kratzer und Spuren in Töpfen und Pfannen
- große Formenvielfalt
- sehr leichte Reinigung
- keine Schadstoffabgabe an das Essen bei Hiltzebeständigkeit

Nachteile

- nur bis ca. 230–250 °C hitzebeständig
- teilweise sehr weich (Silikon) und damit nicht für alle Tätigkeiten in der Küche geeignet
- auf Dauer Ablösung von Kunststoffpartikeln und Übergang ins Essen
- enthalten teilweise BPA

Küchenhelfer aus Holz

Vorteile

- nachwachsender Rohstoff; oft sehr schnell wachsende Holzarten wie Bambus (am besten FSC®-zertifizierte Produkte kaufen!)
- antibakterielle Wirkung durch im Holz enthaltene Gerbsäure
- keine Schadstoffabgaben in das Essen beim Kochen
- weich – Pfannen und Töpfe werden nicht zerkratzt

Nachteile

- nicht für jedes Küchenutensil geeignet, nicht alle Küchenhelfer sind aus Holz zu bekommen
- nimmt gerne Farbe an, z. B. von Tomatensoße
- höhere Abnutzung als bei anderen Materialien, sowohl beim Kochen als auch beim Spülen
- gute Pflege nötig

Bei Helfern aus Kunststoff oder Silikon ist darauf zu achten, dass sie BPA-frei sind. BPA ist ein Weichmacher, der sich bei hohen Temperaturen lösen und ins Lebensmittel übergehen kann.

Wir nutzen seit vielen Jahren Küchenhelfer aus Metall. Diese halten schon über 15 Jahre und sind noch sehr gut in Schuss. Die Langlebigkeit ist unschlagbar. Kochlöffel aus Plastik haben wir nach und nach aussortiert und gegen Alternativen aus Holz getauscht. Diese zerkratzen die Pfanne nicht. Holzkochlöffel halten zwar nicht so lange wie unsere Metallprodukte, jedoch lassen sie sich umweltfreundlich entsorgen.

Jedes Material hat bei Küchenhelfern also seine Vor- und Nachteile. Solange die Helfer, die du in deiner Küche hast, noch gut funktionieren und nicht defekt sind, benutze sie weiter. Tausche sie erst aus, wenn sie beschädigt sind, Teile fehlen oder sich auflösenden (wie bei Kunststoffhelfern, wenn dadurch Plastikpartikel ins Essen geraten). Achte auf nachhaltige Wertstoffe, die entweder sehr lange Haltbarkeit versprechen oder aus einem schnell nachwachsenden Rohstoff bestehen. Damit wird das Ganze dann rund. Trotzdem noch ein wichtiger Hinweis: Überlege vor der Anschaffung genau, wie viel du letztendlich wirklich brauchst. Macht es Sinn, zwei Pfannenwender oder vier Kochlöffel zu haben?

Beispiel 1:
Waschbare Baumwolltücher und Spülbürsten aus Holz statt Schwämme oder Bürsten aus Plastik

Spültücher bestehen aus Mikrofasern und enthalten Mikroplastik. Bei jedem Waschgang lösen sich Partikel und gelangen ins Grundwasser. Aus diesem Grund sind wir auf reine Baumwolltücher (Waffeltücher) umgestiegen. Sie sind auch bei 60 °C waschbar und bleiben in der Form. Sie ziehen die Flüssigkeit gut auf und sind langlebig. Anders als Mikrofasertücher setzen sie beim Waschen keine Plastikpartikel frei.

Eine weitere Alternative sind Spülbürsten aus Holz. Sie müssen natürlich regelmäßig ausgetauscht werden, sind jedoch biologisch abbaubar. Wer auf tierische Produkte verzichten möchte, sollte auf jeden Fall auf die Borsten achten: Oft bestehen sie nämlich aus Tierborsten.

VERWENDEN STATT VERSCHWENDEN

Muss Kaputtes oder Beschädigtes immer gleich in den Müll? Egal ob Küchenutensilien, Haushaltsgeräte oder Stoffe/Kleidung – viele Sachen, die zunächst unbrauchbar erscheinen, lassen sich weiterverwenden, reparieren oder zu etwas Neuem umarbeiten. Aus alten Kleidungsstücken beispielsweise lassen sich Hand- oder Taschentücher nähen. Vielleicht kannst du gemeinsam mit Familie und Freunden deine Gegenstände/Geräte reparieren oder sie zu einem Repair-Café geben. Wenn du Gegenstände gar nicht mehr benötigst, verschenke sie oder stelle sie zum Verkauf, um anderen eine Freude zu machen, die noch etwas damit anfangen oder sie reparieren können.

Beispiel 2:
Holzbrett statt Plastikbrett

Schneidebretter aus Plastik sind praktisch, keine Frage. Aber bei jeder Nutzung lösen sich Plastikpartikel. Schneidebretter aus Holz sind eine nachhaltige, langlebige und umweltfreundliche Alternative, die auch preiswert ist. Holz ist ein nachwachsendes Naturmaterial, dass antibakteriell ist und der Umwelt kaum schadet. Übrigens ist es nicht so, dass Holzbretter unhygienischer sind als Plastikbretter, wenn man sie richtig pflegt. Ein gutes Holz aus Buche oder Kirschholz ist sehr langlebig.

Grundsätzlich gehören Holzschneidebretter nicht in die Spülmaschine. Nach jedem Gebrauch sollte das Holzbrett mit heißem Wasser von beiden Seiten gereinigt und im Stehen getrocknet werden. Da Holz keine hohen Temperaturunterschiede mag, sollten die Brettchen nicht auf der Heizung getrocknet werden. Sie gehören auch nicht in den Schrank, da sie dort, wegen der schlechten Belüftung Schimmel ansetzen können. Um das Holzbrett möglichst lange zu nutzen, sollte es regelmäßig mit Öl (zum Beispiel Leinöl oder Olivenöl) behandelt werden. Sollte das Holzbrett einmal riechen, lassen sich die Gerüche durch Abreiben mit einer halben Zitrone oder etwas Essig und warmem Wasser beseitigen.

UNSERE TÄGLICHEN BEGLEITER

Zum Ende hin möchten wir dir noch unsere täglichen Begleiter vorstellen, die uns Tag für Tag gute Dienste erweisen:

Trinkflaschen für unterwegs

Wir sind schon seit Jahren mit den unterschiedlichsten Trinkflaschen unterwegs: sei es bei der Arbeit, auf Ausflügen oder in der Schule. So braucht man unterwegs kein Geld für überteuerte Getränke auszugeben. Angefangen haben wir mit etwas einfacheren Versionen aus Kunststoff, die bei unserem Kohlensäuresprudler dabeiwaren. Wir haben aber recht schnell gemerkt, dass sie keine langfristige Lösung sind. Wir sind am Schluss bei Flaschen aus Edelstahl gelandet und nutzen sie bis heute gerne. Das Wasser schmeckt auch ganz anders als aus Plastikflaschen.

Metallflaschen sind praktisch und robust. Die meisten lassen sich zwar in der Spülmaschine reinigen, aber wir machen unsere anders sauber: Wir haben uns eine nachhaltige Flaschenbürste organisiert und reinigen die Flaschen dann einfach damit und mit etwas Spülmittel und Wasser. Durch die Reinigung per Hand halten die Trinkflaschen noch länger. In der Spülmaschine leiden manche Flaschen doch dauerhaft durch das Salz und den Klarspüler.

Wir besitzen auch eine Trinkflasche aus Glas, aber die ist durch das hohe Eigengewicht und die hohe Bruchgefahr unpraktisch.

Wassersprudler

Seit Jahren trinken wir Leitungswasser. Falls gewünscht, sprudeln wir es mit einem Kohlensäurespender/Wassersprudler auf. Dadurch sparen wir uns das lästige Flaschenschleppen und viel Plastik- und Glasmüll.

Aber Vorsicht: Die Gebühren für den Zylindertausch unterscheiden sich je nach Produkt. Vorab Vergleichen lohnt sich!

Solltest du dennoch Getränke kaufen wollen/müssen, dann kaufe sie im Mehrweg-System. Einwegpfandflaschen werden nur zum Teil recycelt, ebenso wie Tetrapacks. Durch diese Maßnahmen lässt sich der Müllberg weiter verkleinern.

Bei uns in Münster kostet 1 m³ Wasser derzeit gut 4 Euro, das sind 0,4 Cent je Liter Wasser. Rechnet man noch das CO_2 von gut 10 bis 14 Cent je Liter dazu, kommt man auf einen Preis von 14,4 Cent pro Liter fertig gesprudelten Leitungswassers.
Im Discounter bekommt man einen Liter gesprudeltes und stilles Wasser für rund 18 Cent. Hinzu kommt aber der Transport des Wassers bis in die eigenen vier Wände plus die Entsorgung der Einwegflaschen, was von der Nachhaltigkeit und Umweltbilanz her natürlich keinen Sinn macht. Wasser in Mehrwegflaschen liegt kostentechnisch bei 50 Cent bis 1 Euro je Liter. Natürlich wieder plus Schlepperei bis ins eigene Zuhause und Kosten für den Transport.
Leitungswassertrinken spart also bares Geld! Und selbst mit Kohlensäuresprudler ist das Wasser günstiger – und in der Umweltbilanz ist's sowieso unschlagbar.

Brotdosen für unterwegs

In einem Unverpacktladen haben wir uns vor Jahren schon zwei Brotdosen aus Edelstahl gekauft. Wir haben im Vorfeld genau überlegt, wie viele Dosen wir brauchen und welche Ansprüche wir haben. Wir haben uns für Dosen entschieden, die aus mehreren Ebenen besteht, sodass wir Gemü-se, Obst, Brote oder anderes getrennt voneinander transportieren können.

Edelstahldosendosen sind für uns klar im Vorteil gegenüber anderen Dosen (aus Plastik, Bambus etc.): Anders als bei Plastikdosen kann kein Mikroplastik ins Essen übergehen, und auch in der Spülmaschine überstehen Metalldosen die Reinigung dauerhaft besser. Wir empfehlen daher, etwas mehr Geld für eine gute Edelstahldose auszugeben.

Auch Einmachgläser eignen sich übrigens gut für Snacks für unterwegs.

Keramik-Kaffeefilter mit Goldfilter

Bei uns im Haus macht eine herkömmliche Kaffeemaschine keinen Sinn, da nur Frederik Kaffee trinkt. Lange hatten wir eine Pad-Maschine im Haus gehabt, auch für Gäste. Aber weder Geschmack noch das Thema Verpackungsmüll haben uns hierbei überzeugt. Dazu kommt, dass diese Maschinen meist keine große Lebensdauer aufweisen und oft ersetzt werden müssen. Deshalb nutzen wir seit Jahren einen Keramik-Kaffeefilter und einen Goldfilter. Mehr dazu auf den folgenden Seiten.

FEATURE

DAS PROBLEM MIT KAFFEEKAPSELMASCHINEN

Du kennst es vielleicht auch: Du stehst morgens auf und möchtest erst einmal nichts anderes als deinen heißgeliebten Kaffee trinken. Aber für nur eine Tasse lohnt es sich nicht, die Kaffeemaschine anzuwerfen. Genau dafür wurden Kaffeekapselmaschinen entwickelt, und mittlerweile bieten sie auch eine große Vielfalt an Geschmacksvariationen an. Doch die Kehrseite ist der entstehende Müll. Pro Kaffeetasse wird eine Kapsel benötigt. So entsteht ein irrsinniger Müllberg.

> Die Herstellung von Aluminium verbraucht Unmengen an Energie. Und zum Abbau des Rohstoffs Bauxit, der für die Herstellung von Aluminium benötigt wird, werden Regenwälder abgeholzt, Landschaften zerstört und weitere Umweltschäden verursacht.

Es gibt eine Studie darüber, wie schädlich Kaffeekapseln für unsere Umwelt sind, die allerdings vom Marktführer selbst in Auftrag gegeben wurde. Diese Studie wurde nicht komplett veröffentlicht und ist in ihrer Aussagekraft und im Wahrheitsgehalt stark anzuzweifeln. Es wird ausgeführt, dass die Kapseln aus wertvollem Aluminium bestehen, das recycelt werden kann. Allerdings hat der Hersteller keinerlei Zahlen darüber, wie viele Kapseln letztendlich tatsächlich dem Recyclingkreislauf zurückgeführt und wie viel Prozent davon effektiv wieder zur Produktion neuen Aluminiums genutzt werden.

Eine Beispielrechnung

Für die Herstellung von Aluminium ist Bauxit erforderlich. Bei der Gewinnung von 1 Kilogramm Bauxit werden ca. 14 kW/h Strom benötigt. Die Produktion dieses Stroms wiederum setzt gut 8 Kilogramm CO_2 frei. Aus diesem gewonnenen 1 Kilogramm Bauxit nun lassen sich ungefähr 1000 Alukapseln herstellen. Zunächst klingt das nach einer großen Menge. Doch bei den jährlich gut 8 Milliarden verkauften Kapseln sprechen wir von rund 8 Millionen Kilo Aluminium. Hinzu kommt: So entsteht pro Minute ein Aluminiumabfall von über 15 Kilo.

Alternativen zu Alu

Mittlerweile sind viele Konkurrenzprodukte zu den bekannten Aluminiumkapseln auf dem Markt, einige bestehen aus Kunststoff. Doch weisen diese auch keine deutlich bessere Ökobilanz auf. Es gibt keine gesicherten Angaben dazu, wie viele dieser Kunststoffkapseln dem Recycling zugeführt werden und am Ende auch wieder zu neuem Kunststoff verarbeitet werden. Man kann sich wiederbefüllbare Kapseln aus Kunststoff kaufen, aber die sind nun einmal aus Kunststoff.

Kompostierbare Kapseln sind auf dem Markt kaum noch zu finden. Hier gab es das Problem, dass die Kapseln nicht zu 100 % kompostierbar waren. Die Deckel bestanden weiterhin aus Kunststoff, und die Kapseln selbst zersetzten sich in der Zeit, in denen das Produkt zu 90 % zersetzt sein muss, um als kompostierbar zu gelten, nur unter Laborbedingungen und nicht in der Realität.

Doch ist eine positive Entwicklung zu verzeichnen: Immer mehr Menschen machen sich Gedanken um diese Probleme, denn die Umsatzzahlen bei Kapseln und Pads sind in den letzten Jahren deutlich zurückgegangen.

Frisch mit Keramikfilter aufgebrühter Kaffee

Wir sind hier im Haushalt schon lange auf einen Keramik-Filterhalter umgestiegen. Zunächst nutzten wir Filtertüten aus braunem Papier. Nach der Nutzung warfen wir diese komplett auf unseren Kompost. Seit einiger Zeit nutzen wir einen Goldfilter, der Filtertüten überflüssig macht. Ein Goldfilter ist ein Dauerfilter, der nach jeder Nutzung gereinigt werden kann. Ein tolles Teil und eine super Alternative zu Filtertüten, weil kein Müll entsteht.

Wir erhitzen die benötigte Menge an Wasser im Wasserkocher, stellen den Keramikfilter mitsamt Goldfilter auf eine Tasse, geben etwas Kaffeepulver in den Filter und brühen ihn mit dem heißen Wasser auf. Man muss das Wasser langsamer zugeben als bei Papierfiltertüten, denn der Goldfilter hat einen größeren Durchsatz. Es kommt auch etwas von dem Filterkaffee in der Tasse darunter an, aber dieses Pulver bleibt nur im letzten Schluck Kaffee über.

Der Kaffee schmeckt viel intensiver und besser, sodass auch weniger Kaffeepulver benötigt wird. Auch das Kaffeepulver selbst verursacht übrigens keinen Abfall, weil es direkt aus dem Filter in den Kompost gegeben werden kann. So sparen wir Alu- und Kunststoffabfall und tun unserem Kompost und später unseren Pflanzen etwas Gutes.

#MACHSNACH-HALTIG-INFOS

Zum Abschluss wollen wir dir noch Literatur und Webseiten zum Weiterlesen und Recherchieren nennen. Du findest hier sowohl die Quellen, aus denen wir Fakten gezogen haben, als auch Links, die wir interessant finden. Und das Register ganz am Ende hilft dir dabei, direkt zu bestimmten Stichworten zu gelangen.

Im Netz

Buchtipp
Bea Johnson: Zero Waste Home.
Glücklich leben ohne Müll! Reduziere
deinen Müll und vereinfache dein
Leben. Kiel: Steve-Holger Ludwig
Verlag 2016.
Homepage Autorin:
www.zerowastehome.com

BPA-frei leben:
https://bpa-frei-leben.de

Die Dokumentation „Cowspiracy.
Das Geheimnis der Nachhaltigkeit":
https://www.cowspiracy.com

Deutsche Umwelthilfe:
https://kaufnix.net

Infos zu Einkochzeiten und
Temperaturen: https://www.
einkochen.info/einkochzeiten/
oder https://www.smarticular.net/
einkochen-im-topf-obst-gemue-
se-schraubglaeser-anleitung/

Infos zu Foodsharing: https://food-
sharing.de

Infos zum Thema Lebensmittel
einfrieren: https://www.bzfe.
de/fileadmin/resources/import/
pdf/0126_2098_web.pdf

Infos zum Thema Lebensmittelreste
verwerten: http://zugutfuerdietonne.de

Wertvolle Infos zum Thema richtige
Mülltrennung: https://www.nabu.
de/umwelt-und-ressourcen/oekolo-
gisch-leben/alltagsprodukte/19838.
html

Deinen ökologischen Fußabdruck
berechnen: www.fussabdruck.de

Infos zum Thema Stromverbrauch
senken: https://www.stromspiegel.
de/stromverbrauch-senken/eu-ener-
gielabel-ab-2021/

Der große Verpackungscheck der
Deutschen Umwelthilfe: https://
www.duh.de/verpackungscheck

Infos zum Thema Waterfootprint
weltweit: https://www.waterfoot-
printassessmenttool.org/natio-
nal-explorer/

Die Dokumentation „Zu gut für den
Müll? Wie wir Essen retten können":
https://www.ardmediathek.de/
video/quarks/zu-gut-fuer-den-mu-
ell-wie-wir-essen-retten-koennen/
wdr/Y3JpZDovL3dkci5kZS9CZWlocm-
FnLWJiYWFmNTY2LTUoNGYtNDZhY-
S1iZWJjLWJlMjcwMjhjODgoZg

Endnoten

Die Quellen zu den Fußnoten im Text
findest du unter der unten genannten Homepage und dem QR-Code.

Die beiden Saisonkalender ab
S. 34, die Speisepläne auf S. 33,
„Was gehört in den Kühl-
schrank" auf S. 29, „Was gehört
in den Müll" ab S. 75, „Lebensmittel richtig lagern" ab S. 57,
ein Feature zum Kompostieren
und hübsche Etiketten findest
du auf der Ulmer-Homepage:
www.ulmer.de/kueche-ohne-
schnickschnack. Über die
QR-Codes kannst du dir die
Extramaterialien auch auf dein
Smartphone laden. Ob dort
oder ausgedruckt: griffbereit ist
immer gut.

Über die Autoren

Janina (*1984) und **Frederik** (*1976) stammen aus Münster und beschäftigen sich seit 2018 mit den Themen Minimalismus und Nachhaltigkeit. Die Sozialarbeiterin und der Betriebswirt teilen ihr Wissen auf ihrem Blog **gruenesfamilienleben.de** und verschiedenen Social-Media-Kanälen. Mit fachlicher Expertise, Kreativität, ohne erhobenen Zeigefinger und mit großer Freude an der Sache helfen sie auf verschiedenen Wegen Menschen zu mehr Minimalismus und Nachhaltigkeit und dadurch zu mehr Zufriedenheit und Struktur im Leben.

Nachhaltigkeit & Minimalismus im Familienleben

Register

Bildquellen

Alle Fotos stammen von **Simon Veith** mit Ausnahme der folgenden:
Anastasia Nio/Shutterstock.com: Die Zeichnung des Käse auf der Seite 57 | **ezhenaphoto/Shutterstock.com**: S. 98-99 | **Fourdoty/Shutterstock.com**: Das Icon auf der Seite 27 | **Frederik Enning**: Coverfoto, S. 116 und das Bild auf der vorderen äußeren Klappe | **Helmuth Flubacher**: S. 57 (oben) | **ivector/Shutterstock.com**: S. 5 | **Katerina Arts/Shutterstock.com**: Die Zeichnung der Gemüse und Backwaren auf den Seiten 34-41 und 54-60 | **Mauritius Images**: S. 65 | **Monthira/Shutterstock.com**: S. 89 | **Natalia Koltsova/Shutterstock.com**: Die Zeichnung von Obst auf den Seiten 34-41 und 54-60 | **nld/Shutterstock.com**: Die Zeichnung der Nudeln auf der Seite 61 | **Romariolen/Shutterstock.com**: S. 26-27 | **ONYXprj/Shutterstock.com**: Die Icons auf den Seiten 3-5, 9, 51, 99, 123-126 | **Valumyan/Shutterstock.com**: Die Zeichnungen von Obst auf den Seiten 34-41 und 54-60 | **Wikimedia/xZise**: S. 106

Autoren und Verlag danken den folgenden Einrichtungen für die Genehmigung der Verwendung der folgenden Zeichnungen und Symbole: Bundesamt für Verbraucherschutz und Lebensmittelsicherheit (BVL) | Bundesanstalt für Landwirtschaft und Ernährung: Informationsstelle Bio-Siegel | CE-Zeichen | European Commission | Global Standard gemeinnützige GmbH | Grüner Strom-Label | Fairtrade Deutschland e.V. | FSC® Deutschland | Für mehr Tierschutz | Pro Weideland | QS Qualität und Sicherheit GmbH | RAL gGmbH | Regionalfenster Service GmbH | TÜV SÜD | Verband Lebensmittel ohne Gentechnik e.V. (VLOG) | WEEE Return GmbH

Impressum

Die in diesem Buch enthaltenen Empfehlungen und Angaben sind von den Autoren mit größter Sorgfalt zusammengestellt und geprüft worden. Eine Garantie für die Richtigkeit der Angaben kann aber nicht gegeben werden. Autoren und Verlag übernehmen keine Haftung für Schäden und Unfälle. Bitte setzen Sie bei der Anwendung der in diesem Buch enthaltenen Empfehlungen Ihr persönliches Urteilsvermögen ein.
Der Verlag Eugen Ulmer ist nicht verantwortlich für die Inhalte der im Buch genannten Websites.

Anmerkung zur Schreibweise (Gendering): Gendergerechtigkeit und Inklusion sind bei uns gelebte Praxis – bei der Auswahl unserer Themen, bei der Recherchearbeit, in der Gestaltung. Unsere Texte meinen alle, deswegen wird in diesem Buch gegendert.

Bibliografische Information der Deutschen Nationalbibliothek
Die Deutsche Nationalbibliothek verzeichnet diese Publikation in der Deutschen Nationalbibliografie; detaillierte bibliografische Daten sind im Internet über http://dnb.d-nb.de abrufbar.

© 2023 Eugen Ulmer KG
Wollgrasweg 41, 70599 Stuttgart (Hohenheim)
E-Mail: info@ulmer.de
Internet: www.ulmer.de
Konzept und Projektleitung: Jennifer Zajonz
Lektorat: Melanie Kattanek
Herstellung: Stephanie Haun
Umschlaggestaltung: Michaela Mayländer, Stuttgart, www.sistermic.de
Satz: Marion Schreiber, www.marionschreiber.de
Reproduktion: time:ray, Jettingen
Druck und Bindung: Pustet, Regensburg
Printed in Germany

ISBN 978-3-8186-1979-4